大夏书系 | 全国中小学班主任培训用书

班会课的
心理学智慧

高中创意班会课30例

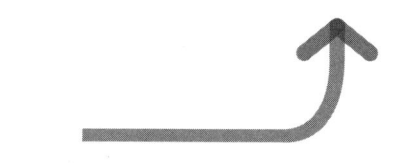

张玉石 等 / 编著

华东师范大学出版社
·上海·

图书在版编目（CIP）数据

班会课的心理学智慧：高中创意班会课 30 例 / 张玉石等编著．
—上海：华东师范大学出版社，2023
ISBN 978-7-5760-4171-2

I.①班⋯　II.①张⋯　III.①班会—教案（教育）—高中　IV.① G635.5

中国国家版本馆 CIP 数据核字（2023）第 176868 号

大夏书系 ｜ 全国中小学班主任培训用书

班会课的心理学智慧：高中创意班会课 30 例

编　　著　张玉石　等
责任编辑　任红瑚
责任校对　杨　坤
封面设计　百丰艺术

出版发行　华东师范大学出版社
社　　址　上海市中山北路 3663 号　邮编 200062
网　　址　www.ecnupress.com.cn
电　　话　021-60821666　行政传真 021-62572105
客服电话　021-62865537
邮购电话　021-62869887
地　　址　上海市中山北路 3663 号华东师范大学校内先锋路口
网　　店　http://hdsdcbs.tmall.com/

印 刷 者　北京季蜂印刷有限公司
开　　本　700×1000　16 开
印　　张　16
字　　数　220 千字
版　　次　2023 年 10 月第一版
印　　次　2023 年 10 月第一次
印　　数　5 100
书　　号　ISBN 978-7-5760-4171-2
定　　价　65.00 元

出 版 人　王　焰

（如发现本版图书有印订质量问题，请寄回本社市场部调换或电话 021-62865537 联系）

本书编委会

主　　编　张玉石

副 主 编　丁黎敏　孙钦强　肖　翔

编　　委　（排名不分先后）

　　　　　　蔡光辉　邓小满　杜明坚　何少娜　胡逸涵

　　　　　　黄国琼　黄　琳　黄紫莹　梁翠竹　刘　迷

　　　　　　刘清清　龙凤明　马文丽　潘丹丹　潘丽芬

　　　　　　屈迪扬　王慧岚　向　阳　易宜红　张玛梁

　　　　　　张肖玲　郑丽冰　钟明明　周　健

目录 CONTENTS

前言　我们都是追光的人　/　001

高一篇

1. 扑克牌回家
   ——破冰游戏助力新班级融合　/　003

2. 等一等，欣赏啊
   ——理性应对人际交往中的误解　/　012

3. 解锁你的"兴趣"密码
   ——从兴趣发展看职业方向　/　020

4. 寻找你的人生轨道
   ——探索自我，为选科赋能　/　028

5. 拨开你的"愁云"
   ——培养抗挫力，形成成长型思维　/　037

6. 构建游戏的"防火墙"
   ——挖掘游戏管理能力，提高自我监控力　/　046

7. 你好，长颈鹿语言
   ——学会沟通技巧，改善亲子关系　/　054

8. 加油吧，海马体
   ——发现记忆密码，提升学习效率　/　060

9. 能说的"秘密"
   ——形成健康性心理　/　070

10. 我考故我思，我思故成长
    ——考后合理归因，整装再次前行　/　078

高二篇

11. 绘制你的成长名片
　　——认识自我，悦纳自我　/　089

12. 爸爸，你好
　　——认识父亲，感恩成长　/　095

13. 让子弹飞一会儿
　　——提升媒介素养　/　102

14. 我的地盘我做主
　　——清晰人际边界，合理表达自我　/　111

15. 善意信号满格
　　——学习人际交往策略，提升人际交往能力　/　118

16. 不念过去，不畏将来，拥抱现在
　　——自我成长激励　/　124

17. 学海无涯，心流有道
　　——培养学习专注力　/　132

18. 笑看挫折，人间值得
　　——提升自我抗挫力　/　138

19. 雷霆战拖，有效执行
　　——执行力培养　/　146

20. 如何打败唐僧团队
　　——提升自控力，改变不良习惯　/　154

高三篇

21. 根深叶茂，本固枝荣
　　——洞悉家国关系，增强爱国信念 / 165

22. 所愿皆成真
　　——巧借WOOP思维，提升愿望实现能力 / 172

23. 零和博弈还是正和博弈？
　　——在竞争中合作，在合作中进步 / 179

24. 攀上高原吸点"氧"
　　——克服高三高原反应，重获备考后续动力 / 185

25. 时间魔法师
　　——学会时间管理，有效利用时间 / 193

26. 路在脚下，梦在前方
　　——树立科学职业观 / 202

27. 黑色生命力
　　——挫折并不可怕 / 209

28. 十八已至，责任以行
　　——学会承担责任 / 216

29. 画中藏深意，洞悉"新"飞跃
　　——四"新"学习法助力高考二轮复习 / 224

30. 在生活中练就一双"火眼金睛"
　　——识诈反诈，保护自我 / 233

后　记 / 243

前　言

我们都是追光的人

我非常喜欢上班会，我觉得它有一种魔力。

我的学生也喜欢上班会，他们也觉得它有一种魅力。

下面这段对话可以印证这种喜欢。

"老师，我顺利通过面试成为学生会的一员了。真的感谢您给我们上的走心班会，给了我很多启发和帮助。"一位刚考入深圳大学的学生在微信上向我报喜。

我既开心又好奇："愿闻其详。"

学生接着说："比如在谈到对于竞争的看法时我就借鉴'不是相互较量，而是相互照亮'的理念，突出合作而非竞争；谈到自己在学生会的成长规划时，我就引用了我们班'追着光，靠近光，成为光，散发光'的班级精神。这些理念都融合在我们的日常班会和学习生活中，让我们都有了向上、向光的品质，通过面试，让我感触更深了。"

看着这些文字，我的内心既温暖又自豪，学生们在班会中成长了，而且带着"光"一样的品格走向了更美好的未来，真好！

时光流转，我在不同的班级间和学生们建立了联结，感受他们不同的色彩，见证他们不同的成长。与此同时，我也在不断践行"心育"理念，和学生们一起蜕变、成长。而班会，就是见证我们一起成长的最重要的那束光！

每个班级都需要这束光！

于是，我和我的小伙伴们开始了"心法式"高中主题班会课程化的研究，并出版成册，和广大老师们分享我们的成果。

高中生处于构建人生观、价值观、世界观的"拔节育穗期"，进行高中主题班会课程化建设，对落实立德树人根本任务，提升中小学德育课程的德育功能，创新中小学班级德育路径具有重要的推动意义。

目前部分学校和地区都在推动课程化的主题班会，但仍存在两点不足：一是游离于课堂表面，缺乏教育学、心理学原理指导，停留在信息漫灌式、堆砌式的说教，难以触及学生的感性认知和理性思考；二是课程设置缺乏逻辑性，主要表现在课程和课程之间关联性不强，层进性不足。

高中"心法式"班会课程基于高中生身心发展规律，设计育人目标，再根据育人目标来设计多元主题，以教育学、心理学原理为路径，让学生从"知情意行"四个维度去体验成长，以趣味性活动为主要德育方式，以多元评价为指南来提升课堂实效，真正实现高中班会课专业化、体系化。

"心法式"班会和传统班会相比，有以下亮点：

1. 指向成长而非亡羊补牢。根据成长中可能遇到的问题有预见性地开展班会，从聚焦问题到聚焦成长，既符合教育规律和《中小学德育工作指南》中规定的德育目标，同时也有其独特的魅力：知其然重要，知其所以然更加重要。系统化的班会课程所涵盖的主题五花八门，纷繁复杂。这使得班主任面对众多主题时，往往陷入"解决问题"的思维窠臼——我的班级目前存在的问题是什么——这种思维会导致班会课主题确定随意性与浅层化，潜在注意点放在了问题的解决层面，而"心法式"班会课更加侧重"知其所以然"，能够以更深刻的目光去审视这些成长过程中的问题，剖开问题表层，遵循认知规律，引导德育主体通过体验方式去觉察，寻找使自我不断成长的路径。从"问题思维"转变到"成长思维"，课程化的班会主题设置才更具代表性。

2. 有层次、有梯度、有效度而非无序拼盘。"心法式"班会课的特点不仅着眼于每一节班会"小课堂"的设计结构和逻辑，更重视从系统课程的角度设计学期化、学年化、学段化的"大课程"，即根据青少年的年龄特征和心理需求，将班会主题系列化，构建层层推进、螺旋式上升的课程体系。我们围绕高中生的身心发展规律和成长需求，制定了"适应""人际""学法""生涯规划""技能""心理品质与价值观"六大核心主题。为细化不同学段的育人目标，在每个大主题下分不同学段再详细划分相应的子主题，设计了系列化、递进式的主题内容。我们在设计的过程中关注成长过程中的困惑，针对各种困惑确定课程主题，关注不同年级学生的特点，从而实施有梯度的精准教育。例如，高一年级初入高中会对人生规划相对迷茫，认识自我是第一要务；高二年级学生已经分科，而面对高二这个"分水岭"更需要从把握当下的角度去规划人生；高三年级学生初步成人化，应该以更专业的眼光看待未来发展。这符合"学会正确选择人生发展道路的相关知识，具备自主、自立、自强的态度和能力"的德育目标，更符合高中生的身心发展特点，可谓是科学性与实效性相结合。

3. 心育与德育结合而非说教和灌输。 每节班会均根据学生的年龄特征和心理特点来设计，针对性强，实效性佳，学生喜闻乐见。高中生智力水平较初中生显著提升，观察能力趋向全面性、目的性、系统性，同时思维能力逐渐增强，开始较为独立地判断是非善恶，不盲从他人，渴望发出自我的声音；更重要的是高中生意志动机的主动性、目的性增强，对社会各方面开始投注关切的目光，产生初步的个人判断，并以此为标准开始探索现实社会。以上这些变化就决定了高中生班会课必须有广度和深度，有科学的指引，用教育学心理学的知识来引导高中生更好地认识自我、了解社会，比单纯的经验主义、片面信息汇总更具教育力量。

经验式的说教和信息的灌输不符合高中生的身心发展特点，更重要的是，科学育人是我们德育工作者的工作指南，个人视域的有限性和个人经验的片面性导致无章法、无方法、无定法的育人模式的落后，基于此，在高中"心法式"班会课程化建设中，我们力求在德育工作中融入经过实践检验的教育学、心理学理论和技术，让德育具有正确的价值导向和助人自助的重要功能。

"心法式"班会课利用有趣的活动，科学、有效地开展班会课，以心导心，用心育心，利用班会课启迪学生心灵，引导学生树立正确认知，真正实现班会课的育人功效。例如，《你好，长颈鹿语言》展示非暴力沟通的魅力，让学生们通过体验不同的语言表达找到合理科学的沟通方式，传递信息与关注感受并重，优化学生的人际交往能力；《加油吧，海马体》利用脑科学相关理论引导学生学习如何提升储存记忆和调取记忆的能力；《拨开你的"愁云"》一改传统的"灌鸡汤"方式，通过"LEAD"法引导学生更加理性、科学地看待成长中的挫折，学会用科学的方法解决问题……

4. 精益求精，多级打磨。为了保证班会质量，我们严格要求，让每一节课都经得起考验。班会课设计经过多级打磨完成后，每位负责设计的班主任需要在不同层次的三个班级试课，并邀请编委或同事互评，根据课堂实际进行修正完善，力求节节是精品，课课是示范。这些课例中不乏获得各级班会课大赛特等奖、一等奖的作品。如《拨开你的"愁云"》荣获2022年广东省佛山市心理健康教育主题班会特等奖，《能说的"秘密"》荣获佛山市南海区高中、中职学校青春期健康教育优质课竞赛特等奖。

5. 买书即赠配套课件。我们非常贴心地制作了配套课件作为附赠，解决班主任从读到用的"最后一公里"问题。班主任拿来就能用，省时省力，实现轻松高效带班，提升职业幸福感。关注公众号"张玉石名班主任工作室"即可下载。

一位学生在毕业时，给我留言道：

老师，最留恋的是您的班会课，每个星期最期待的就是班会课。每次班会都能让我有所思考，有不同的感悟，对我来说都很有意义。您的班会课有让人开怀大笑的快乐，也有参与后的思考与沉淀，这些都成了我成长中的印记。谢谢您，我会带着班会给予我的力量步入大学，继续追寻我的梦想，成就闪光的自己。

愿我们以书相识，以班会为载体，和学生的成长交融，一起追着光，靠近光，成为光，散发光。

张玉石
2023.04

高一篇

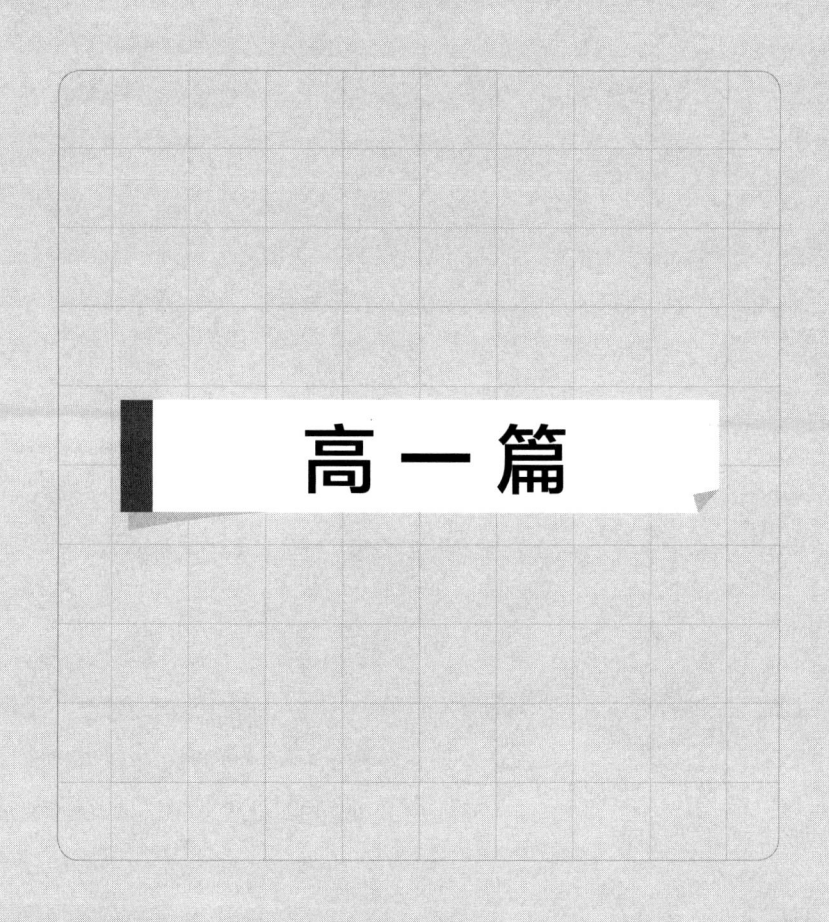

1. 扑克牌回家

——破冰游戏助力新班级融合

【班会背景】

新组建的班级，或是分班重组后的班级，新老师、新同学、新班级，一切的陌生会让学生产生恐惧与迷茫。在新的环境中，人会产生回归心理（俗称念旧），以保护自我。这种心理表现为：喜欢回旧班级找旧同学，不愿意与新同学沟通。这不仅不利于学生融入新的集体，也不利于新班级的组建。因此帮助学生在新旧之间快速过渡，尽快熟悉新同学新老师、快速融入新的班集体，对新班级产生归属感，这是新班组建后头一个月需要重点做的工作。

心理学上的"首因效应"指出，交往双方形成的第一次印象对今后的交往关系会产生重要的影响。虽然这些第一印象并非总是正确的，但却是最鲜明、最牢固的，并且决定着以后双方交往的进程。如果一个人在初次见面时给人留下良好的印象，那么人们就愿意和他接近，彼此也能较快地相互了解，并会影响人们对他以后一系列行为和表现的解释。对班级也是如此。在班级刚组建之初，如果能使新同学对班级形成美好的印象，那么也会使其对班级快速产生归属感，而班级的凝聚力也会逐渐形成。同时，马斯洛的需要层次理论也指出，爱与归属感是属于情感的需求，它会使人对集体产生依靠，而归属感也会团结集体、凝聚人心。

在新班级组建之初，班主任可以借助首因效应与马斯洛需求层次理论中的爱与归属感需求，开展班级破冰活动，帮助学生建立良好的师生、生生关系，形成对班级的美好印象，从而使班级团结、凝聚。

【班会目标】

1. 知识与认知目标：帮助学生在新的班级中快速认识新同学、新老师、新班级。

2. 方法与能力目标：通过团队游戏，让学生学会了解新同学、建立新团队、营造新班级的方法，快速融入新班级。

3. 情感与态度目标：在游戏中感受游戏的快乐，并在游戏中了解、信任、团结同学，建立对新班级的归属感。

【课前准备】

1. 了解新班级的学生情况，包括男女比例、选科特点、家庭住址、性格特点、宿舍分组等。

2. 将全班同学根据宿舍或学号进行分组。

3. 准备扑克牌（组别对应数量），制定游戏规则与设计游戏环节。

4. 安排活动的工作人员（游戏时间记录、摄影等）。

5. 制作简单课件或打印游戏规则，准备游戏音乐。

6. 布置活动场地：在地板铺上泡沫地毯，防止游戏中发生意外；将课桌按组别摆放。

【班会过程】

一、热身运动：创意介绍，进入游戏状态

游戏规则：

1. 全班分成4列纵队，每列14或15人。
2. 4列纵队两两相对，听口令互相认识。

口令：（1）摁摁对方的鼻子；（2）拽拽对方的耳朵；（3）握握对方的脚。

设计意图　在轻快的音乐声中，通过简单的破冰游戏，活跃气氛，帮助学生消除陌生感，进入游戏状态。

二、扑克牌认亲：认识、了解同学

先将全班以宿舍为单位分组，每组9~10人，共6组。根据分组准备6副牌，抽取每副牌1~10数字的牌（尽量四个花色平均），叠成一叠。由舍长领取一叠纸牌，并给小组内成员各派发一张。

游戏规则：

1. 手持相同数字扑克牌的同学快速组为一队，每组6人，共10组。
2. 组内同学互相介绍自己的姓名、兴趣爱好、优点与不足。
3. 老师随机叫一个纸牌号，拿到该纸牌的同学向全班一一介绍本组内成员不少于3个优点和兴趣爱好。

游戏结束，请同学分享活动感想。

师：通过这个活动你认识了哪些同学？刚分组时与此时此刻，你的心情有何变化？

生：小组中的5人我都认识了，还知道了他们的住址与兴趣爱好。刚分组时，我挺忐忑的，大家都不认识，不知道怎么沟通。但一轮介绍过后，感觉大家亲近了很多，互相熟悉了。

（板书：了解、熟悉）

设计意图 打破宿舍的组队，根据扑克牌的数字分组，让同学快速组建新队。目的在于让同学们快速地认识更多的同学。在组队中发现拥有组长性格的同学，为后面班级组建班干部团队做铺垫。组队后的相互介绍，是认识、了解同学的过程。而抽查学生介绍组内成员，则是为了检验同学游戏的参与度，让大家更为投入，同时也可以帮助全班同学认识小组的同学，加深同学彼此认识的程度。

三、扑克牌多米诺：熟悉产生信任（此环节要做好场地布置，以免发生意外）

游戏规则：

1. 重新组队，手持相同花色纸牌同学组成一组，每组10人或20人，共4列。
2. 队列同向而立，站立在室内的垫子上。
3. 口令开始，前面同学向后面同学倾倒，后面同学接住。在倒下之前简单对话：

前：我相信你，我倒下来了。

后：来吧，我会接住你的。

4. 队列向后转，再组织一次游戏。

游戏结束，请同学分享游戏感受。

师：你在倒下去之前害怕吗？

生：有点害怕，担心后面同学接不住我，但我还是选择了尝试。结果同学把我稳稳地接住了，让我很安心，我觉得我是可以信任他的。

师：你在接住前面倒下来的同学时，有什么感受？

生：我紧张地打开手掌，我要用力把他接住，不能让他摔倒了。

采访队伍的最后一个同学。

师：你作为队伍的最后一个同学，要接住前面倒下来的同学，压力大吗？当队伍反过来时，你第一个倒下时，害怕吗？

生：刚开始压力非常大。但是，我也要想办法接住，不然前面所有同学都会倒下来的。当我变成第一个往后倒的同学，我一点也不害怕，因为我相信他们也会像我一样稳稳地接住我。

师：这个游戏就像多米诺骨牌，在游戏中一旦有一张纸牌倾倒了，就会导致全体的倾倒。因此，我们不仅要做好自己，还要互相信任，我们是一个集体。

（板书：信任）

设计意图 借助多米诺骨牌的游戏规则，让学生理解"一荣俱荣一损俱损"的道理，感受到集体中每一个人的重要性。同时也让学生通过游戏明白在集体生活中，需要对队友产生信任，彼此信任，才能更快融入集体，让集体良性发展。

四、扑克牌回家：团结方能成功

游戏规则：

全班同学以宿舍为单位分组，共 6 组，但只准备 5 副牌。老师故意少放了一副牌，目的在于：一是测试同学的小组合作能力；二是引导同学正确对待个人利益与集体利益的冲突，同时强化同学对班级的归属感。

1. 将所有纸牌打乱，然后平均分成 6 份，每组领取一份。
2. 小组围成一桌，齐心协力找扑克牌，最快速度恢复扑克牌原装 54 张（2 张王、四个花色各 13 张）者为胜。
3. 登记每个小组完成的时间。

活动解释：少一副牌，会导致有一个小组没办法完成任务。而这个有意的设置，会在游戏过程中被学生自行发现。当出现问题时，如果学生没有抱怨，自行想办法解决了，那么老师就不干预，只在最后总结时点破；如果学生出现抱怨，则可以做适当引导，引导同学想办法去解决这个问题。通过问题解决，来考验学生对集体的付出程度，检验同学对新班级的归属感。

游戏进行中，有学生开始抱怨。

师：有同学发现少了一副牌，我们该如何解决才能保证游戏的完成？

同学们自行讨论解决问题的办法，并分享：

生 1：要有一个小组放弃游戏。

生 2：放弃游戏，对那个小组不公平。

生 3：游戏规则没有说一定要小组单独完成，是不是可以合并小组完成？

生 4：是啊，游戏规则没有说不可以小组合作，我们也可以全班一起完成 5 副牌的还原啊。

在同学们七嘴八舌的讨论中，问题解决的办法慢慢浮现了。

游戏结束，分别请最快完成任务的小组、主动合并完成任务的小组或者未完成任务的小组分享。

1. 最快完成的小组。

师：你们组完成得最快，有什么秘诀吗？

生：我们拿到牌，弄清楚游戏规则后，就开始分工。先把手头的牌梳理清楚，然后列出缺少的纸牌，根据数量，我们分头去其他小组用手头多余的牌跟人家兑换。我觉得我们成功的秘诀在于清楚规则，分工明确，大家齐心协力。

2. 主动合并完成任务的小组。

师：你们在发现少一副牌的时候，怎么想到合并完成任务这个办法的？

生：少一副牌，会出现几种情况。第一种情况，大家都不舍得放弃手中的牌，那么每个小组都没办法完成任务。第二种情况，让一个小组放弃任务，但这样对那个小组不公平，我们也不希望"牺牲"同学来成全自己。第三种情况，可以由两个小组合并成为一组，那么大家就都可以完成任务。所以，经过小组商量，我们选择了与另外一个纸牌较少的小组合并，一起合作完成了任务。

师：感谢你们的智慧，不仅想到了好办法解决出现的问题，而且还让全班同学一起参与完成了任务。这位同学告诉我们当班级出现问题时，班级的每一个同学都要想办法一起解决，大家一起参与，才能解决问题。

3. 没有完成任务的小组。

师：在发现少一副牌的时候，你们小组为何会放弃完成任务？

生：如果我们不放弃，就会有可能导致其他一个小组，甚至是所有小组都完成不了任务。

师：那放弃了，你们组就没办法完成任务了，可惜吗？

生：有点可惜，但是要使其他更多的小组完成任务，总得需要有人牺牲。所以我们选择牺牲自我，成全他人。在看到别人完成任务的时候，我们也挺开心的。

当他说完后，全班响起了热烈的掌声。

师：真为你们放弃自我而成全他人的行为而感动。这个小组的放弃告诉我们，当个人利益与集体利益发生冲突时，要以集体利益为重，并愿意放弃或牺牲一些个人利益。从长远看，坚持集体利益是对个人利益的最大保护。一个人只有生活在友爱团结的集体中，一起朝着同一个目标同一个方向前进，我们才能获取更多的力量，才能在这样的集体中感受到成长的快乐。

（板书：团结）

设计意图 "扑克牌回家"这个环节，是在彼此间熟悉、信任的基础上更进一步的要求——团结。在找扑克牌的过程中，团队中需要有领导者指挥组员，需要团队每一个人都动起来去寻找，并且需要每个小组互相配合、互相交换纸牌，才能完成各自的任务。所以这个环节，既可以发现学生的领导特质，为组建班干部团队作准备；又可以让学生在沟通中进一步熟悉，融洽关系；更可以调动小组内（宿舍）同学团结一致，为和谐宿舍奠定基础。最后，在交换纸牌过程中，全班同学一起配合完成任务，达到班级的团结一致。通过这个环节的"陷阱"设计，可以顺势引导学生正确处理个人利益与集体利益的冲突。同时，在共同完成任务的过程中也会提高学生对班级的归属感。

五、活动总结

师：通过今天的活动，你有何收获？

生1：从熟悉到信任再到团结，今天让我对22班有了不一样的认识。起初按照牌上的数字分组，分到组里的同学都不认识，但通过介绍自己的兴趣爱好，了解到原来大家都有自己的特点，都是深藏不露的高手。

生2：一节班会课，我们从陌生到熟悉到信任到团结，我们在游戏中成长，在合作中进步。十分感谢宿舍里每位积极配合的同学。一个人可以走得很快，但一群人才能走得更远。

生3：我知道他叫什么名字，有何优点、喜好。今天之前，我并不了解他，但今天之后，我们互相信任，相信他不会让你倒下，也相信自己可以接住他。我们也学会了团结，明白了什么是集体，什么是团队，那是一个团结一致、心往一处的神所在。

师：人在一起叫聚会，心在一起叫团队。我们既然组建成了一个新的班集体，那么我们集体里的每一个人都要彼此信任，彼此团结，才能创造优秀的班集体，在这个优秀的集体中成为更加优秀的自己。

【课后延伸与拓展】

1. 课后让全班同学写活动感受，深化活动意义。
2. 通过活动发现拥有领导气质的同学，组建临时班干部团队，为班级服务。
3. 让全班同学设计班名、班徽、班级口号、班级目标与班服等，进一步强化凝聚力与归属感。
4. 策划宿舍文化节。宿舍是小家，宿舍也是最容易爆发矛盾的地方，通过破冰游戏，加深了舍友的互相了解与团结，进一步组织宿舍文化节，则更能增进宿舍同学间的感情。

【反思与总结】

1. 团体活动。相对于说教式、口号式的班会课，团体活动的班会课更受学生喜欢。新班级组建的第一节班会课，采用团体活动的方式进行，不仅让学生借助首因效应，更好地认识、了解了身边的同学，也让学生认识了有趣的班主任和温馨的班集体。美好的第一印象，是最鲜明、最牢固的，会强化学生对新班级的归属感，增强班级凝聚力。

2. 团体活动的形式。团体活动最重要的是让每个参与者都动起来，因此游戏的设置，需要关注到每一个个体。如果游戏环节较多，则需要将几个游戏串联起来，由浅入深，层层相扣，逐渐达成目标。在游戏过程中淡化目标，让学生在游戏中充分体验、感受，在感受到愉悦的过程中顺理成章地接受活动目的，效果会更好。

3. 活动感受促课堂生成。每个活动环节后，请同学谈活动感受，不仅可以了解学生的心理感受，同时可以促进课堂的生成。借助学生的反馈，及时调整课堂环节。在"扑克牌回家"的游戏环节，负责拍照摄像的同学在活动开始就大喊"一起合作，一起赢"，一语点破游戏的宗旨。少放一副牌的"陷阱"，是在游戏过程中被发现的，小组同学自觉放弃自己的任务，而去成就别的小组。这种自发的牺牲奉献精神，没有任何的预设与提前安排，自然而随性，更体现了学生对这个班级的融入与爱，同时也达到了团体游戏的目的。

4. 课后延伸与拓展。新班级的组建过程包括组建、融合、发展、腾飞等几个环节，只有把融合环节的基础打好了，才能有良性的发展，才能有整体的腾飞。而班级的融合除了团体活动，还有班级管理、班级文化等几个层面需要去落实。因此，相应的班名、班徽、班服设计等活动，就可以调动全班同学的热情与智慧，为班级建设出谋划策。只有在参与与付出中，才能体会到班级对自我的意义。

广东省佛山市南海区南海中学　邓小满

2. 等一等，欣赏啊

——理性应对人际交往中的误解

【班会背景】

进入高一，学生正处于自我意识、独立欲望、自尊心都明显增强，而感情又变得内隐，情绪体验不够稳定且具有顽固性的阶段。在与人交往时，往往过于关注自我感受，而不懂得理解与欣赏别人，容易与人产生矛盾，常误解别人或被别人误解。同时，大部分同学性格又比较倔强，当误解发生后，不愿或不能及时采取有效化解误解的措施，造成人际关系的紧张，不利于学生及班级的长远发展。

人际交往是复杂的，涉及"自我－环境－他人"三个部分。在人际交往中，内部关系（认知、情感、行为）和外部关系（他人、环境）都会影响学生与他人的交往情况。学生能把握的是自己，所以理性应对误解，需先从学生认知和评价角度出发。而在认知上，与人交往时，学生容易陷入"认知的吝啬鬼""定势效应"和"透明度错觉"的误区。

【班会目标】

1. 知识与认知目标：帮助学生从认知和评价角度了解误解产生的原因。

2. 方法与能力目标：通过情景剧表演的方式，指导学生掌握理性应对误解的方法，提高与人友好交往的能力，建立积极健康的人际关系。

3. 情感与态度目标：感受积极健康的人际关系带来的愉悦，消除过强的自我意识，学会理解与欣赏他人，从小我走向大家。

【课前准备】

1.教师准备：设计调查问卷并完成调查问卷的分析；准备彩色卡纸；准备信纸和信封。

2.学生准备：完成调查问卷的填写；拍摄视频。

【班会过程】

一、看图说话：识误解产生之易

将全班分为两组，投影一幅人像。

向两组同学分别下发写有"此人是罪犯"和"此人是科学家"信息的纸张，请两组同学对人像的外貌及行为进行描述。

一组同学发言后，另一组同学十分诧异。因为他们的答案几乎完全相反。

收到"此人是罪犯"信息的小组，描述多为负面，如：目光狡黠、贼眉鼠眼、目露凶光、尖嘴猴腮、脸色阴沉、处心积虑制造毒药等。

收到"此人是科学家"信息的小组，描述多为正面，如：目光深邃、慈眉善目、眼神坚定而执着、一脸正气、专心致志做试剂研究等。

师：大家一定很奇怪，同一张图片，为什么答案如此不同，到底是谁说的对呢？其实，你们都对，因为我给你们提供的信息是截然相反的；但也许，你们都不对，因为这是我在网上随机找的一张图片。

大家一片笑声，恍然大悟。

师：美国心理学家埃里斯提出了情绪ABC理论，他认为诱发事件A只是引起情绪和行为后果C的间接原因，人们对诱发事件A所持的信念、看法和解释B才是引起情绪更直接的原因。[①] 刚刚同学们对同一个人的判断截然不同，就是受到自己原有认知和看法的影响。大家平时在与人交往时，是不是也有类似的经历呢？是不是很容易由于错误的认知而被人误解或者误解了别人呢？

设计意图 制造矛盾点，引发学生思考，从而引出班会主题，说明人际交往是复杂的，涉及"自我－环境－他人"三个部分。在人际交往中，内部关系（认知、情感、行为）和外部关系（他人、环境）都会影响我们与他人的交往情况。我们能把握的是自己，所以，理性面对误解，需先从认知和评价角度出发。

二、情景演绎：探误解产生之因

根据前期调查，选取班上同学在与他人相处时发生过的几次误解的场景，将其拍摄成三幕剧《为什么受伤的总是我》，让同学们思考并讨论误解为什么会产生。

1. 他者视角。

第一幕：原来是这样

人物：劳动委员 vs. 小A

剧情：下课，值日同学小A不见了身影，劳动委员很生气，认为他一定是逃跑了，跟其他值日生抱怨，说一定要罚。这恰巧被小A听到了，他一脸

---

① 刘儒德. 教育中的心理效应（第二版）[M]. 上海：华东师范大学出版社，2012：204.

的委屈。原来，小A是肚子痛上洗手间了。

同学们自由探讨为什么劳动委员会误解小A。

师：心理学上有一个词叫"认知的吝啬鬼"，社会心理学家麦硅尔认为人是一个认知的吝啬者，在知觉他物时，常常试图去掉琐碎的信息以节省精力；人们并不去知觉或记下所有信息，而只是从发生的事件中选出对形成印象必要的信息。[①]"认知的吝啬鬼"，用于人际交往时，指带有"他一定是"这样先入为主的判断，经常不愿意花时间了解他人，快速、凭直觉、不假思索地处理信息，就像劳动委员一样，太着急判断下结论了，并没有了解事情的真相。

从另一方面来说，他有这样先入为主的判断，说明我们班平时还是存在逃值日的现象，大家可要注意了，不要再给他创造误解大家的机会，积极主动承担起自己的劳动责任，善意提醒那些由于各种原因忘记做值日的同学。

同学们心领神会地笑了。

第二幕：万万没想到

人物：全班同学 vs. 小A

剧情：军训时，小A有时会不守纪律，偶尔集队迟到，还喜欢在队伍行进时讲点小话，经教官提醒后行为有了明显的改变。开学后进行班委选举，小A毛遂自荐想为班级服务，同学们一片质疑，不信任小A，他很沮丧。

同学们自由探讨为什么大家会误解小A。

师：因为小A之前表现欠佳，所以大家根据小A以往的行为判断他不会称职。但我们说"士别三日，当刮目相待"。其实小A已不是军训时的小A，小A是在不断进步的，只是大家都没有注意到。这在心理学上叫"定势效应"，也叫"刻板印象"，在人际交往时，用"他一直都这样""我不相信他会改变"的想法对待他人，局限于既有的信息或认识的现象。刻板印象常常是一种偏见，影响对他人的客观评价与正确判断。[②]因此，往往会造成对他人

---

① 白洁.论认知吝啬［J］.西北师大学报（社会科学版），2013，50（01）：99-104.
② 刘儒德.班主任工作中的心理效应［M］.北京：中国轻工业出版社，2012：160.

的误解。当然，这也告诉我们，一开始给别人留下一个好的印象非常重要，守纪律，重团结，希望大家能用积极向上的行动给自己加分，为班级添彩。

设计意图 从班级同学平时的生活中取材，贴近学生实际，易引起共鸣。从"我"被他人误解的视角归纳出误解产生的原因——"认知的吝啬鬼"和"定势效应"，并引导学生认识到应如何有效避免误解别人。

2. 自我视角。

第三幕：我们是好朋友啊

人物：小 A vs. 众舍友

剧情：小 A 心情不佳，在宿舍郁郁寡欢，与此同时，众舍友未察觉到异样，依旧兴致勃勃地谈论周末乐事，小 A 大发雷霆，认为舍友不理解自己，是故意的，众舍友茫然。

同学们自由探讨为什么小 A 会误解众舍友。

师：大家都对小 A 的舍友表示同情吧，因为小 A 并未直接跟他们诉说自己的心情，"我不说，我以为你懂"，大家是不是也经常有这样的想法，尤其是对最亲近的人？但大家又不是他肚子里的蛔虫，怎么会知道他时时刻刻在想什么呢？小 A 陷入了心理学上说的"透明度错觉"的误区，认为彼此的沟通是透明的，不去阐释或者确认对方是否理解，即高估了自己的个人心理状态被他人知晓的程度，人们经常错误地认为自己的内心状态已经"泄露"给别人了，然而，实际情况并非如此。[1]

设计意图 还原好朋友之间产生误解的场面，让学生发现在与人交往时自身存在的问题，尝试从自我视角找到误解产生的原因——"透明度错觉"，并引导学生思考如何不被别人误解。

三、小组合作：寻误解消除之道

根据以上情景剧及自己以往的经历，六人小组讨论避免误解产生的方

---

[1] 吴俊杰，霍静萍.社会认知偏差对管理活动的影响［J］.湖州师范学院学报，2007（01）：87-90.

法，并以思维导图的方式呈现在卡纸上。

邀请两个小组上台展示合作成果。

师：大家学会了从他人和自我的两个角度去总结方法，且具体可行，非常有建设性。与人交往时，我们要避免陷入"认知的吝啬鬼"和"定势效应"的误区，不着急做判断，不着急下定论，停下来，想一想，看一看，充分了解他人及事情真相，避免误解别人；同时，也要远离"透明度错觉"的陷阱，充分且准确地表达自我，避免被别人误解。

设计意图 由因推法，探究清楚误解产生的原因后，最重要的还是寻求避免误解产生的方法，小组合作加班级展示的形式，一方面可以检验大家对上述心理学原理的理解，另一方面，能最大程度地发挥集体的智慧，给学生提供更多可借鉴的方法。

四、信纸传情：释往昔不平之绪

师：请同学们回忆以往误解他人或被他人误解的经历，是否还有未道的歉或没有原谅的人。那些年，错过的"对不起"与"没关系"，可以把它们写下来（道歉用红色信封，原谅用蓝色信封），放到信箱。请愿意分享的同学进行分享。

设计意图 在前期调查中，发现不少同学对过去被误解或误解他人的经历不愿提起，内心还有芥蒂，希望借这个机会把大家的心结打开，与过去的误解说再见，以轻松、积极的心态更好地与人交往，也能避免新的误解产生。

【课后延伸与拓展】

根据同学们平时的人际交往情况，将全班分成若干小组（了解同学组、了解教学老师组、了解宿管老师组），利用一周的时间，观察并记录被了解对象（班级同学平时了解比较少的；发生误解几率比较大的；了解对象本身具有被了解的价值但却被同学们忽略的）不为人知的另一面，发掘与欣赏他人的与众不同。

注意：所有观察需在日常的生活中进行，观察途径得当，注意边界感，不得打扰被了解对象的生活，不得窥探他人隐私。

下一次班会进行小组汇报，汇报以下内容：大家对被了解对象的先前印象；观察中呈现出同学们不知道的另一面；最打动、感染小组的一件事；小组成员在一周活动中的体会。

设计意图 从理论走向实践，创造机会，让学生去深入了解身边的人，学会欣赏他人，从而减少误解发生的几率。

师（总结）：朱光潜先生在《慢慢走，欣赏啊》中写道："阿尔卑斯山谷中有一条大汽车路，两旁景物极美，路上插着一个标语劝告游人说：'慢慢走，欣赏啊！'"[1]同学们，老师今天也想跟你们说："等一等，欣赏啊！"在与人交往时，停一停，等一等，是一种心态，更是一种智慧，不用定势思维、片面眼光来看待人，而是用全面的、发展的眼光来欣赏人，花点时间，花点精力，听得用心，看得明白，说得清楚，拔掉人际交往中"误解"这株杂草，人际交往的大花园才能百花齐放，四季如春。

【反思与总结】

1. 前期准备工作比较复杂，需至少预留一周时间，教师需完成问卷调查的分析，并挑选班级同学关于误解的典型情境，指导有兴趣有能力的同学参与视频的拍摄与制作。

2. 每个班的班情不同，情境的选择既要符合班级同学的实际，又要能体现心理学的原理。本课例涉及的三个情境，重点用来探讨误解产生的原因，至于里面涉及的劳动、纪律等问题，还需要班主任择机再展开教育。

3. 学生对其中涉及的心理学原理比较陌生，概念本身比较晦涩，教师要尽量将高深的原理讲得通俗易懂，便于学生接受。

4. 课后延伸活动的分组要精心考虑，需有意识地根据同学们的人际交往

---

[1] 朱光潜.谈美［M］.上海：华东师范大学出版社，2012：113.

情况安排了解任务，如和宿管老师易发生误会的同学被安排去了解宿管老师，易和同学发生误会的被安排去了解同学等。因学生是住宿生，故此活动只局限于在学校开展。如有可能，还可于假期时在校外生活中开展。在汇报展示时，如果有同学表示了解后并不欣赏对方，班主任可适时引导，支持多元观点，但需强调在了解的基础上做到尊重与包容。

广东实验中学　刘清清

3. 解锁你的"兴趣"密码

——从兴趣发展看职业方向

【班会背景】

高一学生从初中升入高中，整体上表现出一种过渡性。在课业学习上，面临着初中知识结构向高中知识结构的过渡，以及学习思维的转换；在学习环境上，面临着新的老师和同学、新的学习环境、新的学校管理的过渡；寄宿学校的学生还面临着新的生活环境的过渡，面临新的适应问题。

面对新的人生阶段，学生急切地渴望开始新的学习和生活，但是大多数学生对自己的认识还不够充分，对自身的发展缺乏合理的规划，对未来的职业定位也不够清晰，所以在心理层面上，更好地引导学生了解自己的兴趣、优势，建立更明确的目标，就显得非常重要。

兴趣是个体对特定事物、活动及人所产生的积极的和带有倾向性、选择性的态度和情绪，体现了一个人内在的行为习惯系统。感兴趣的事物可能发生变化，但深层次的思维状态并没有改变。本节课主要运用PTID兴趣模型，通过活动引导学生对自己的兴趣进行深层次的探索，并结合霍兰德职业兴趣理论，厘清自己兴趣特征对应的职业领域及其内在关联，为生涯规划确立发展目标，有目的地培养兴趣，提升能力。

【班会目标】

1. 知识与认知目标：运用PTID兴趣模型透析兴趣特征。

2. 方法与能力目标：在比较辨析中准确定位兴趣对应的四维度。

3. 情感与态度目标：觉察自我兴趣，检视兴趣与职业发展的关联，触发生命活力，激发兴趣培养的强大驱动力。

【课前准备】

制作"我的专属名片"，名片信息包括姓名、兴趣爱好、拟参加学生社团等。其中兴趣爱好，按喜爱程度从大到小写10个，并简单标注喜欢的理由。需要注意的是，爱好不代表擅长或经常做，只要是打心底喜欢的即可。

【班会过程】

一、兴趣触点，多层次认知兴趣

1. 游戏活动导入。

游戏说明：假如你收到了三张聚会的邀请函，不巧的是，这三个聚会都定在同一时间举行，所以你只能出席一个。你会选择哪个？

A. 在这个聚会，你可以就感兴趣的话题进行深入探讨。这个活动一定会令你在相关领域受益匪浅。

B. 这个聚会邀请了各行各业的人，在这里，你可以扩展交际网络，结交对工作有益的人脉。

C. 这是一个来自老朋友的聚会，大家将会在常聚的饭店品尝熟悉的味道，温馨地回忆往昔的时光。

选项解读：A. 你适合做能让自己彻底投入的创作型事情。你比较渴望和有魅力的人交往，一旦投入到某种事情中，就会全神贯注地充分发挥自己的能量。推荐兴趣爱好：电影，读书，创作活动，兴趣小组等。B. 大家一起参加的志愿者活动或体育活动最适合你。你是个开朗外向的人，相比于待在家，你更喜欢外出活动，因为你对社会性活动很关心，比较注重和别人之间的关系。推荐兴趣爱好：团体活动，志愿者活动，体育活动等。C. 你更适合做贴近生活的事情。你是一个自我保护意识很强的人，在自己熟悉的环境中度过惬意的时光会令你感觉很舒服。推荐兴趣爱好：陶艺，手工，烹饪，钓鱼等和生活相关的活动。

设计意图 用心理小游戏的方式导入，调动学生的参与积极性，激发课堂活力。用一个看似平常的"聚会"选择，揭示深层次的心理机制，激发学生关注兴趣的倾向性、选择性，让学生充满期待地主动参与到这节课中。

2. 厘清兴趣概念。

师：你们曾有过这样的体验吗？你们在做某件事情的时候有一种全神贯注、忘我投入的状态，这种状态下，你甚至感觉不到时间的存在，在这件事情完成之后会有一种充满能量并且非常满足的感受。

生：有，玩游戏的时候。

（学生哄堂大笑）

师：你们在周末疯狂玩游戏之后是"充满能量并且非常满足"的感受吗？还是说会有点愧疚，有点不安，有时候还会有点空虚。

（学生若有所思）

师：所以，我们现在讨论的是"充满能量并且非常满足"的积极的兴趣爱好。

生：我睡完一觉以后也会感到充满能量，而且很满足。

（学生又哄堂大笑）

师：你睡觉的时候意识清醒吗？我们今天所讲的是自觉意识下从事的自主活动。所以睡眠或药物作用下神志不清的活动都不在考虑范围内。

（学生恍然大悟）

3. 横向认知兴趣。

活动要求：常言道，"志同道合者则互惜，志不同道不合者则不谋"，我们初入高中，不妨先从兴趣着手，看看班里都有哪些同学和我们"志同道合"，有机会成为伯牙、钟子期那样的知音。请同学们根据"我的专属名片"中的"兴趣一"，根据以下分类，依次举手表态，看看身边有哪些同学的兴趣爱好与你是一致的。

（屏幕显示）

旅游类——徒步、登山、骑行、露营等

体能类——篮球、羽毛球、乒乓球、足球、滑板、滑旱冰、跑步、跳绳等

收藏类——扑克牌、糖果纸、邮票、小汽车、手表、鞋等

栽培饲养类——栽种花草树木、饲养宠物等

创作类——写作、绘画、谱曲填词、手工等

思考类——数独、拼图、拆装、做题、寻宝游戏等

娱乐类——听音乐、看电影、涂鸦、看书、剪纸、品茶等

社会服务类——班干部、志愿者等

4. 纵向认知兴趣。

师：请同学们看看两张图，他们在做什么？

生："吃鸡"，玩游戏。

生：玩电竞。

师：一个是电子游戏，一个是电子竞技，它们之间是什么关系呢？

生：都是狭义的电子游戏的范围。

生：一个是娱乐游戏，一个是体育项目，从性质、方式、项目、技术等方面来看都是有很大区别的。

师：2017年，电子竞技被国际奥委会认可为体育项目；2019年，电子竞技运营商被确定为新职业。与电竞相关的职业有电竞娱乐行业的电竞主播、解说、经纪人等；电竞赛事行业的职业选手、教练、数据分析师、赛事运营、策划、裁判等。从最早的"娱乐形式"到现在的"电竞职业"，你可曾想过，你的兴趣有一天会发展成职业吗？

设计意图　在厘清兴趣的基础概念后，我们再从从事的内容来为兴趣进行分类，引导学生从内涵、外延、横向、纵向等多角度层进式地认识"兴趣"。通过兴趣分类引导学生认识自己，以及自我和外部世界的联系，以寻求兴趣伙伴，并触发学生思考兴趣发展与职业方向的纵向关联。

二、兴趣探索，多维度透析兴趣类型

1. 透析 PTID 兴趣模型。

活动要求：同样是喜欢篮球，有的同学纯粹喜欢 A 篮球运动，比较专业的同学可能喜欢研究 B 篮球技术和比赛规律，有的同学喜欢欣赏 C 篮球运动中的美感，有同学喜欢 D 篮球活动中的人际互动，也有同学关注 E 篮球队及周边产品的经营，当然，有的同学会研究 F 篮球比赛规则。请同学们以"篮球"为例，认识 PTID 兴趣模型四维度。

（屏幕显示）：

PTID 兴趣模型四维度：P（People）倾向于与人互动；T（Things）关注点在事与物，即便与人互动，也是把人工具化、类别化、概念化；I（Idea）是思维发散特征的、追求新意；D（Data）的特征是关注细节、数据、标准。

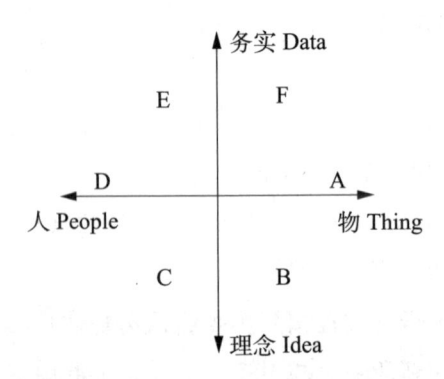

```
              ▲ 务实 Data
         E         F

    ◀────D─────────A────▶
    人 People          物 Thing
         C         B
              ▼ 理念 Idea
```

篮球兴趣对应的 PTID 兴趣模型四维度

2. 制定"我的兴趣坐标"。

活动要求：根据自己的 10 项兴趣爱好，简述喜欢的理由，并制定"我的兴趣坐标"，与小组成员进行分享，看看自己的兴趣比较集中在哪个区间，属于哪种兴趣类型。

设计意图 引导学生了解 PTID 兴趣模型。指导学生利用兴趣模型透析兴趣，总结兴趣特征和兴趣类型，探索自我内部世界。

三、职业链接，启蒙生涯意识

活动要求：兴趣，体现了一个人内在的行为习惯系统。技术型、经管型、服务型、专家型，不仅是兴趣类型，同时也是职业类型。技术型包含的职业有技术员、工程师、项目经理、财务、法务等，经管型包含的职业有公务员、客服、医生、销售、律师、产品经理等，服务型包含的职业有企业咨询、教育、培训、传媒、公关等，专家型包含的职业有广告创意、设计师、财务总监、作家、学者、哲学家等。请同学们对照自己的兴趣类型和职业类型，与大家畅谈一下自己的职业理想。

设计意图 通过建立兴趣类型和霍兰德职业兴趣理论的关联，帮助学生理解二者的发展关系。引导学生对兴趣发展与职业方向进行链接，为生涯规划找到发展方向。

四、兴趣培养，提升能力准备

师：既然兴趣能对我们正在进行的活动起推动作用，也能对我们的未来职业起准备作用，想必大家对兴趣的培养充满了期待。兴趣的培养可分三步走：发现兴趣、找到资源、兑换价值。发现兴趣是让自己先沉浸在足够的感官体验中，去发现兴趣，获得兴趣的第一步动力。找到资源是为兴趣找到学习的资源，尽快掌握更多的知识，使自己的感官兴趣进化到自觉兴趣。兑换价值是给自己找一个兑换价值的方式（物质、精神），把兴趣和最感兴趣的价值绑定。我们一起来看几个真实的案例。

（屏幕显示）：

兴趣培养——绘画（水彩）	
发现兴趣	感官体验：欣赏风格各异的水彩画，感受丰富的色彩变化，观察画面的水彩质感。
找到资源	链接资源：加入共学微信群，参加在线打卡班。
兑换价值	兑换精神价值：举行小型水彩展，让观众投票最喜欢的作品。

兴趣培养——书法	
发现兴趣	感官体验：参观书法展览，观看书法视频，欣赏名人碑帖。
找到资源	链接资源：组成书法兴趣小组，参加书法讲座，参加书法培训。
兑换价值	兑换精神、物质价值：开设书法园地作品展，参加书法比赛，参加中国书画等级考试。

兴趣培养——电影	
发现兴趣	感官体验：欣赏中外各种类型经典影片和海报。
找到资源	链接资源：组成电影鉴赏小组，关注电影推荐公众号，观看影评节目。
兑换价值	兑换精神、物质价值：撰写影评并投稿，制作微电影并参赛。

师：参加学校社团，组建兴趣小组，利用学习小组参加兴趣群打卡，或者周末参加培训班等都是链接资源的好办法。在这个过程中，我们需要明确两点：第一，在职业规划里谈兴趣，谈的是内在倾向性，而不是具体的兴趣或职业，不用着急确定职业领域。第二，兴趣分为三个层次，最基础的是感官兴趣，是通过直观的感官刺激产生的兴趣；其次是自觉兴趣，在情绪的参与下，把兴趣从感官推向思维，由此产生了更加持久的兴趣；再次是志趣，它不仅仅是兴趣，而是把自觉兴趣通过学习变成能力，通过能力寻找平台获得价值，在众多价值中找到自己最有力量的一种生涯管理技术。因此，兴趣发展即能力培养，贵在持之以恒而非兴趣广泛。

师（总结）：有人说："你需要一见钟情很多人，两情相悦一些人，然后才会白头偕老一个人。"所以，目前没有明显兴趣的同学，可以多尝试多经历多体验；兴趣广泛的同学，可以挑选一二，培养能力；而兴趣专一的同学，则希望你能持之以恒，终有一日把兴趣发展成特长，未来能从事你喜欢的职业。

设计意图 理论与案例相结合，通过实际案例的分享，引导学生检视兴趣与职业发展的关联，触发生命活力，激发兴趣培养的强大驱动力。

【课后延伸与拓展】

根据自己的兴趣爱好，挑选其一，制定一份"兴趣培养"规划表，并组建兴趣小组，参与打卡活动。

小组"兴趣培养"规划表（范例）

兴趣小组	姓名	兴趣类型	兴趣培养计划	集体活动时间	打卡	整体完成度
器乐组/篮球组/绘画组/阅读组/动漫组/书法组……	张三	经管型	略	体育课，社团活动课	★★★	良
	李四	服务型	略		★★	中
	王五	技术型	略		★★★★	优
	赵六	专家型	略		★★★★	优
阶段总结：由于本星期刚开学没多久，装备不齐全，时间安排不够合理，所以具体计划没能落实到位，但是大家仍然积极性很高，体育课有球拍的情况下大家都争先恐后地参与其中。接下来我们将会做更充分的准备，坚持体育课集体"打卡"，平时有时间也结伴运动，加强锻炼，增进感情，促进磨合，共同进步。						

【反思与总结】

本节课尽量去繁就简，把 PTID 兴趣模型和霍兰德职业兴趣理论合二为一，全方面有深度地对兴趣进行了深入的分析。课堂深入浅出，实用性强，有效指导学生在生活中运用兴趣模型四维度对特征进行快速判断。为了更好地落实学生的生涯规划，还应该进一步跟进学生的"兴趣培养"的活动。

广东省佛山市南海区石门中学　梁翠竹
相关教学设计荣获 2020 年度广东省普通高中生涯教育优秀案例

4. 寻找你的人生轨道

——探索自我，为选科赋能

【班会背景】

适应高中学习和生活之后，对于自己的未来，高一的新生们有了一定的思考和憧憬。然而在进行选科分班时，绝大多数学生必然会感到迷茫、纠结，甚至怀疑自我。学生个人的兴趣、能力，以及未来大学的专业、就业方向等因素，都将影响学生的选择。

通过访谈发现，学生自我认识不深，缺乏决策能力，对选科、大学专业和未来职业三者之间的联系缺乏了解，是造成选择学科困难以及后续学习动力不足的主要原因。为了帮助学生准确自我定位，自如应对即将到来的分科选择，同时给学生普及未来生涯发展规划的相关内容，为高中学习提供强大内驱力，我们将开展"高中生职业生涯发展规划"系列主题班会。

动机心理学的"期望价值理论"指出：个体对完成某个目标的期望与完成这个目标的价值共同影响了动机。而价值由三个方面构成：一是成就价值，即个体感知到的完成某项任务对学业成绩的重要性；二是兴趣价值，即任务为个体带来的内心的满足感和愉悦感；三是效用价值，即个体认为完成某项任务可以帮助他完成未来的重要目标。本课程从价值的这三个方面展开，并且使用了以"霍兰德职业兴趣理论"为依据的兴趣岛测试，帮助学生明晰自己的兴趣，并在兴趣的基础上进一步了解相关的职业类型特征。

【班会目标】

1. 知识与认知目标：帮助学生认识高中选科与大学专业、未来职业之间的关系；初步了解自身特质和职业兴趣。

2. 方法与能力目标：指导学生整合自身资源，理性地决策出适合自己的学科组合，并能根据自己的实际情况制订专属的学习目标与计划。

3. 情感与态度目标：提高学生对高中学科学习的热情和积极主动性，增强自我效能感。

【课前准备】

1. 学生分小组，通过采访身边人士或上网调查：①不同专业的可能就业方向；②各大学专业设置对于选考科目的要求。

2. 学生提前找父母和老师完成"重要他人评价表"。

3. 班主任提前联系不同学科组合的优秀学长，通过采访记录文字、录制视频等方式给班上学生分享学科学习经验。

【班会过程】

一、游戏活动导入："六环岛测评"热身

师：有六个这样的岛屿，如果让你选择将来在哪座岛屿生活，你会如何选择？可以多选。

（屏幕显示）：

A——浪漫感性的岛。有各种艺术展馆，弥漫着浓厚的艺术气息。B——现代化的岛屿，各种设施设备齐全。C——富饶的岛屿。居民有较强的经商头脑和能力，当地经济发展迅速。D——宁静的岛屿。地广人稀，适合夜观星象。E——热情温暖的岛屿。居民善良，乐于助人，充满人文关怀。F——原始古老的岛屿。自然生态优良，有许多动植物园、水族馆，多种花果蔬菜。

生：我选D岛。

生：老师，我选A。

生：我C和F。（学生兴趣盎然，回答各不相同）

师：好，同学们。我发现同学们选择生活的岛屿有所不同。我们来看一下，如果选择在D岛生活，是对应什么样的特点呢？选择D岛的同学属于研究型的人，他们喜欢处理信息，深入探索和研究一些抽象问题。适合的职业有实验室研究人员、生物学家、化学家、物理学家、工程师，等等。

根据学生需要，依次投影不同岛屿对应的人格类型及职业。

师：同学们，这个游戏测评是有心理学依据的——"霍兰德职业兴趣理论"。它将个人特质与适合该特质的工作联系起来，发掘个人的职业兴趣，帮助人们在适合的生涯舞台上实现自我价值。刚才的测试其实反映了每位同学的不同特质。有些同学性格沉稳专注，善于钻研，适合从事研究方面的工作；有些同学具有领导能力，善于说服他人，适合从事管理方面的工作。所以，如果我们能深入认识自己，了解自己的特质，就能找到适合自己的生涯发展。现在大家手里有一张"选科连连看"的小卡片，请大家根据自己的兴趣，连线自己想选择的学科组合。例如：喜欢研究、处理数据信息——物理和化学；对古代史感兴趣——历史；喜欢实践、操作机器——化学和地理；对人文地貌、天文感兴趣，喜欢旅游——地理；喜欢辩论、与人沟通——政治；喜欢研究医学方面的知识——化学和生物……

学生完成"选科连连看"小卡片。如下图：

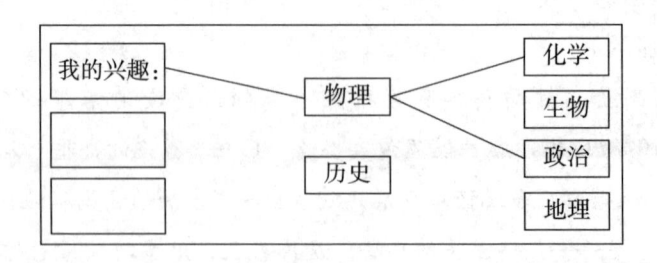

设计意图 用一个有趣好玩的心理小游戏作为课堂热身活动，可以充分调动学生参与的积极性。通过情境选择，引导学生关注个人兴趣与职业之

间的联系，再用霍兰德的职业兴趣理论揭示个人选择对于生涯发展的重要意义，让学生主动参与到这节课中，通过了解自己的兴趣，初步选择自己的学科组合。

二、重要他人评价：多元视角认识自我

师：想必经过兴趣岛的测试游戏之后，大家对自己的兴趣导向有了一定了解。然而，兴趣只是我们选择未来发展方向的其中一个考虑因素，我们还可以从身边的重要他人那里了解我们自身的优、劣势，帮助我们更好地认识自我。现在请大家在班上寻找你们的好朋友，让他们填写你的优点、缺点，以及对于你选科的建议。

表格中父母和老师一栏可在班会课前由学生本人提前找父母和老师完成。

重要他人	学生xx的优点	学生xx的缺点	你觉得学生xx可以选择什么科目？
父母			
老师			
同学			

设计意图 "重要他人评价表"是依据重要他人的评价，引导学生进行深入的自我认识，能很好地帮助学生从内到外分析自己，准确找到自己的定位，整合自身资源，学会决策，选择适合自己的学科组合，提升自我效能感。

师：在看了你身边的重要他人对你的评价之后，同学们对自己的选科组合又有了什么想法呢？请大家用不同颜色的笔，再在"选科连连看"的卡片上选出适合自己的组合。

例如：理科思维强、理解能力强——物理和化学；性格沉稳，专注研究、动手能力强——生物；记忆力强——历史和政治；写作水平高——政治……

学生完成"选科连连看"小卡片。如下图：

4. 寻找你的人生轨道 · 031

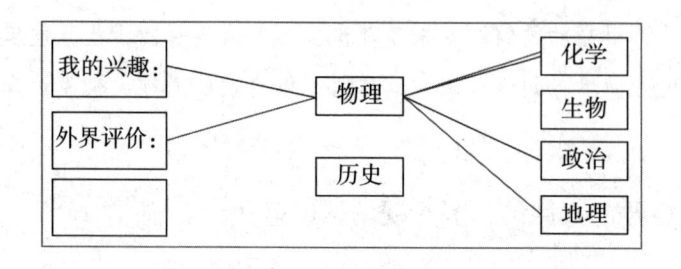

```
我的兴趣：———\          /——化学
                物理———生物
外界评价：———/    \       \——政治
                历史      \——地理
```

三、小组调查分享：揭开选科神秘面纱

师：大学专业和职业选择看似离我们很远，实则不然。高一期末即将到来的选科，很可能会影响我们未来发展的道路。因此，目前我们有必要认识选科组合与大学专业、未来就业之间的联系。在课前，老师也邀请了几位从事不同职业的家长，为我们班同学录制了职业介绍视频，让同学们能够对不同职业有进一步的了解。

（观看家长的职业介绍视频）

在班主任的指导下，学生分小组完成采访和网上调查任务，并在班会课上进行汇报讲解。

1.不同专业可能就业方向。

专业类别（12类）	可能就业方向
农学	可到植物所或自然保护区进行科研和技术开发、管理等工作。
医学	可到高等院校或医学机构进行教学、医学研究等工作。
艺术学	可到文艺团体等从事编导工作，或者到中小学、培训机构等进行教学培训等工作。
理学	从事学科教学和研究，或从事技术项目活动。
历史学	可到文化单位进行出版、宣传等工作。
教育学	到学校等教育部门从事教学与管理。
文学	到学校或出版社等从事教学、编辑等工作；或从事翻译、研究。
工学	到工业生产部门从事研究、设计、管理和经营等工作。
经济学	到金融机构和企业公司从事经济管理工作。
管理学	在事业单位等部门从事人力资源管理等工作。

续表

专业类别（12类）	可能就业方向
军事学	军事及部队相关领域，高校及科研院所等。
法学	成为律师、公务员、法律顾问、法官、检察官等。

注：该表格只是笼统介绍十二大类专业的部分就业方向，可以让学生分小组去搜查大类专业下各小专业的就业前景。

小组汇报结束后，班上其他学生提出自己的困惑，然后请汇报小组或班主任协助解决问题。通过身边从业人士（如父母、学长）的真实案例，给学生分析大学专业与职业之间的关系。

设计意图 班会课前由学生自行收集准备专业与职业的内容，可以培养学生的求知探索能力。同时利用朋辈效应，由学长汇报讲解大学专业与职业之间的联系，并结合身边的真实例子，效果较好，同学们能认真听汇报，思考自己的未来发展。

2.大学专业设置的选科要求。

以中山大学2021年大学录取专业要求为例：

类别（2选1）	专业	再选组合（4选2）
物理类	专业组203（经济学类、法学、工商管理类）	不限
	专业组209（临床医学、口腔医学）	化学
	专业组212（生物科学类、环境科学与工程类、生物医学工程、生态学）	化学或生物
历史类	专业组201（汉语言文学、历史类、哲学类）	不限
	专业组218（公共管理类、国际政治）	思想政治

师：可以看到，大学里的专业对于高中的选科还是有一定要求的。如果你想进入中山大学的临床医学专业，那么在高中你就需要选择物理类，并且在四选二的学科中必选化学。

教师可以在课后为学生提供查询服务，帮助学生了解自己的理想大学专业对于高中选科的具体要求，给学生指引选科的方向。

设计意图 通过收集各大学专业对于高中选科的要求，结合上一个调查汇报，可帮助学生了解高中选科与大学专业、未来职业之间的关系，意识到学科组合的选择对于自己未来生涯发展的重要意义，点燃学生的选科和学习热情，逐步引导学生通过认识和分析自身特质，选择适合自己的学科，为之后的大学专业选择和就业选择做好铺垫。

师：现在再请同学们依据自己对未来大学专业或职业的选择，在"选科连连看"的卡片上，用不同颜色的笔连线学科组合。

比如：学习医学，从事医生行业——化学和生物；环境工程专业，从事环评工作——化学；光电专业——物理；学习法律，做一名律师——政治；城市规划——地理……

学生完成"选科连连看"小卡片。如下图：

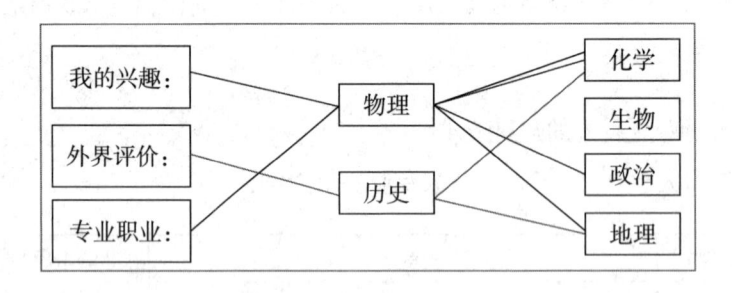

四、七彩蓝图绘制：践行生涯发展规划

师：同学们，经过三次"选科连连看"，现在请大家观察分析自己的卡片，哪些学科是连线次数最多的，其实也就是综合考虑后你可能选择的学科组合了。那么，在大致确定了自己的选科组合之后，我们也要思考，在之后两年半的高中学习中，如何给我们的学习赋能续航？这里，老师联系了几位不同学科组合的优秀学长，来给大家分享成功学习经验。

播放学长的经验分享视频或采访记录文字。

A：学弟学妹们好，我是21届的学生×××，高中所选组合是物化地，现就读于××大学××专业。在选择学科时，考虑到我理科思维比较强，文科较弱些，而且我对城市规划方面的知识比较感兴趣，因此选择了物化地。在高二高三的学习中，我一直坚定自己的选择。物理和化学相对地理来说难度比较大，因此，在学习新内容时，我总是会及时记下课堂上的笔记，遇到不懂的难题坚持课后及时解决，做到今日事今日毕。地理是我比较拿手的科目，除了完成规定的作业，我会利用周末的时间自己查阅有关大学地理方面的知识，开拓视野。当然，三大主科语数英也不能掉以轻心，毕竟它们分值很高。

B：学弟学妹们好，我是22届的学生×××，高中所选组合是历政生，现就读于××大学××专业。当时在选科时，有人问我，为什么选择历史和政治两门文科，另一门却选了属于理科类的生物呢？其实，我也是了解了大学专业的一些学科组合要求后才做出决定的。在平时的学习中，虽然生物有些内容偏理科，需要理解，但同时也锻炼了我的思维。在学习历史和政治时，我也会运用学生物的思维方法帮助我去理解和记忆一些文科的东西，毕竟现在的文科不是光靠死记硬背就能学好考好的。

……

师：听完了学长的经验分享，想必不少同学受益匪浅。接下来大家一起来描绘七彩蓝图，寻找专属于自己的人生轨道吧。

给每位学生发一张"七彩蓝图"，班主任指导学生在中心写上自己所选的学科组合和理想目标，并在周围的7片花瓣上书写自己的高中学习计划，提升行动力。

学生写完后，可邀请几位学生上台展示他们的七彩蓝图。之后全部同学将其贴在桌面，以后由同学互相监督执行。一段时间后，每位同学对近期自己的表现情况进行回顾评估，检查自己是否按计划执行。

师（总结）：同学们，如果说高考是高中的终点，那么选科是高中的起点。选科对于我们接下来的高中学习、大学专业选择和未来就业方向起着重要作用。我们必须深入认识和分析自己的优劣势，寻找适合自己的生涯发展轨道，学会理性决策，才能在未来的道路上乘风破浪！

设计意图　利用同辈效应和目标期待，指导学生在选科之后制订高中学习计划，调动学生的学习积极性，为后续的学习赋能续航。

【课后延伸与拓展】

1. 针对不同学生的理想大学、理想专业，提供查询选科要求服务。

2. 开展"职业生涯发展规划指导会"，邀请从事不同职业的家长和校友进课堂，介绍不同职业的特点。

3. 假期组织学生"大学游""社会实践"等活动，带领学生参观不同的专业院校，深入认识不同专业的学习研究内容，体验不同的职业工作。

【反思与总结】

1. 本节班会设计内容专业性较强，如选科组合、大学专业、职业生涯等，需要班主任事先了解并收集该方面的知识，并将理论性较强的知识解释得通俗易懂，以便让学生容易理解和接受。

2. 课前的游戏热身环节，由于涉及六个不同类型的岛屿，内容较多，考虑到一节课的时间可能不够，班主任可以根据学生的选择情况，只展示部分岛屿类型，其余的岛屿介绍可以在课后展示给学生。

3. 在学生分小组调查和收集大学专业与就业方向、高中选科与大学专业要求时，由于该内容比较专业，可以邀请本校不同学科的老师作为指导教师，指导学生完成任务。考虑到大学专业和职业分类等内容广泛，范围较大，建议在开展小组任务之前，事先调查班级内学生感兴趣的大学专业和职业方向，然后再由小组成员去重点收集这些方面的内容。

4. 一节班会课很难解决全部学生的选科问题，后续班主任还需要跟踪了解班上每位学生的选科情况，以便做出针对性的指导。

广东省佛山市南海区九江中学　马文丽

5. 拨开你的"愁云"

——培养抗挫力，形成成长型思维

【班会背景】

在学习环境方面，高一学生面对新的老师、同学，新的学习环境和新的学校管理模式，处于一种憧憬却又害怕的情绪中；在课程方面，学科数目增多，内容难度加大，他们面临着学习方法以及学习思维的转换，这些对他们来说，都是很大的挑战。以下几个方面需要关注：

1. 学业焦虑。"高手如云"的环境下，有些同学失去了原来"唯我独尊"的优势和地位，同学和老师的关注不再，很容易产生心理失衡，妄自菲薄，自怨自艾，从而陷入焦虑，甚至导致自卑，学习更退步，恶性循环。

2. 自我放弃。有些同学因为成绩退步，陷入自我否定的情绪中，逐渐失去了学习的动力。如果不能及时帮助他们走出困境，他们不仅会快速形成班级小团体，影响班级风气，还会不断逃避现实，甚至沉迷游戏，自暴自弃。

3. 有些同学自以为是，觉得自己能进入重点高中，一定是有过人之处，还继续沿用初中那一套学习模式。初中知识结构简单，内容较少，三天打鱼两天晒网也能在短时间内攻克不少问题，该类学生面对成绩停滞不前的现状，不仅不会深入分析学习方法和思维模式的问题，还会自我安慰，初中就是这么学的，初三努力一下就考上了重点高中，所以高一高二学习落后没关系，高三再发奋也来得及。这种浅尝辄止、不认真、"半瓶子醋"的学习态度，如果不加以干预，不仅个人学习成绩得不得提升，还会在班里形成不良的学习风气。

面对这些问题，如果仅仅口头教育学生应该远离游戏，少跟父母吵，要勤奋学习，并不能真正启发学生。本节课打算帮助学生认识到这一系列的问题只不过是成长路上的困难和挑战，我们应该培养抗挫力，形成成长型思维。在课程开展中将使用 LEAD 工具帮助学生形成成长型思维。

【班会目标】

1. 知识与认知目标：正确看待初升高过渡期学习上的挑战和挫折，形成成长型思维。

2. 方法与能力目标：能掌握应对挫折和困难的方法——Lead 工具，在生活中学会运用成长型思维。

3. 情感与态度目标：能在面对新阶段的学业压力带来的挑战和挫折时突破心理难关，团结同学，增强勇气，提高抗挫力。

【课前准备】

1. 4 团线绳，4 张卡纸，4 支马克笔。

2. 一份针对学生的调查问卷，问题如下：

（1）上了高中后，生活、学习上的挫折和困难都有什么？

（2）你一般是怎么看待挫折和困难的？

3. 一份针对家长的调查问卷，问题如下：

（1）孩子上高中后你跟孩子的亲子关系是否有影响？

（2）你对孩子的学习期望值是否更高？

【班会过程】

一、热身活动：结线成网，导入主题

师：同学们，看到老师手里的线绳吗？我们来玩个热身小游戏。

活动规则：全班分成 4 组，每组约 8~10 人，一名同学为记录员，每组一团线绳。组员轮流回答问题，一手拿着线绳，一手将线绳递给下一组员。最后，线绳交织在一起就会形成一张结实的网。

注意：记录员将组员的回答写到卡纸上，线绳不要递给相邻的同学。

老师开始提问：

（1）你觉得攀上顶峰的关键要素是什么？

（2）高中的知识很难考高分，父母就以为你没用功，你会委屈吗？

（3）初一初二时你并没有太用功，初三时发奋就考上了重点高中，你会不会也认为自己高三时发奋就能逆转？

（4）学霸太多，他们是从优秀的私立学校升上来的，不仅家境好，学习还优秀，你会感到落寞吗？

（5）你觉得老师的关注点不再是你了，你有什么想法？

（6）当身边的学霸们学习成绩好，又多才多艺，你只花时间在学习上，却仍然比不过他们，你会怎么办？

（7）如果神能赐予你三种学习技能，你希望是什么？

（8）如果你觉得你拼尽全力了，成绩就是上不去，怎么办？

记录员将答案写在卡纸上。

师：我们看看哪一组编织网的速度较慢。

生：哈哈，A组还没好。

（A组同学正在手忙脚乱地理线头）

师：那么请A组派出3名代表接受神秘任务。

（A组派出了组内三名男生）

师：我们的神秘任务就是用刚刚编好的网托起这三名同学。

在组员的齐心协力之下，三名男生都被抬了起来。活动在一片欢呼声中结束。

师：请被抛者和参与抛的三位小组长留步，请你们谈谈感受。

小组长 A：不可思议，这么细的绳子怎么可能抬得起人？

小组长 B：我觉得很好玩。

小组长 C：我怕把同学摔地上。

被抛男生 A：害怕，他们要抬不起我，我觉得丢人啊。

被抛男生 B：挺刺激啊！

被抛男生 C：有点紧张。

师：好的，谢谢这几位同学。最开始，每条细绳都是单独的，经过我们的团结合作，织成了一张结实牢固的网。所以，集体的力量是多么的强大啊。当面对要被抬起来或者去抬别人的挑战时，同学们表现出了不同的反应。困难和挑战来临时，我们会彷徨、担心和害怕，这都是很正常的情绪，但我们可以像小组长 B 和被抛男生 B 一样，勇于去拥抱挑战，接受变化，这就是我们今天要说的成长型思维。

师（总结）：在这个活动中，一条条细绳编织成了一张强大的网，让同学们感受到集体的力量，这种力量可以解决很多看似不可能的挑战和困难。同时我们也应该学习勇于迎接困难和拥抱挑战，这就是成长型思维。通过让同学们讨论这 8 个问题，我们发现很多人面对的挑战和困难其实是相同的，但因为有着不同的思维，处理方案也就不一样。那么，这就是成长型思维和固定型思维的区别。

二、拨开迷雾

师：通过刚刚的讨论，我们对成长型思维有了初步了解，现在来进一步了解它到底是什么，为什么如此重要。

先看一段视频讲解：美国斯坦福大学教授卡罗尔·德韦克在《终身成长：重新定义成功的思维模式》[1]一书中认为人有两种心理特质，分别为成长型思维模式和固定型思维模式，固定型思维的人认为人的特质是无法改变的，但成长型思维的人则认为，通过后天的努力可以改变认知和提升能力。

---

[1] ［美］卡罗尔·德韦克.成长性思维［M］.南昌：江西人民出版社，2017.

而这两种思维模式也与学业成绩紧密相关，成长型思维模式的人通常在学业成绩与事业上有着更为优秀的表现。

生：原来一种思维模式也影响着我们的学业成绩啊。

师：是啊，不仅影响着我们的学业成绩，还影响着我们对生活的态度，这就是老师为什么要强调注重成长型思维模式的培养呀。现在我们来具体分析，对于同一事件，两种思维模式的人分别是如何看待的。

呈现挑战、变化、现状、困难、批评、未知、努力、学习八个角度，让同学们通过分析成长型思维和固定型思维可能会出现的反应，加深对这两种思维模式的理解，从而让同学们更加意识到了成长型思维的重要性。

三、指点迷津

从最初的卡纸中挑选4个有代表性的问题，分别是小成、小张、小思和小维四个同学的困惑。请帮助他们形成成长型思维来面对困难和挑战。

小成：中考后的暑假太长了，沉迷电子产品，现在无法自拔，学习无法进入状态，我该怎么办？

小张：高中"高手如云"，怎么努力也没有我的一席之地，我是比别人笨吗？

小思：家长不懂高中知识跨度非常大，我一时难以适应，分数再也没有初中那么耀眼，他们就只看分数，觉得我没有努力，一直批评我不上进，我觉得心理压力很大。

小维：现在的老师也没以前的老师那么关注我了，是因为我的成绩太差吗？

师：请大家上来抽取题号，小组讨论后，派代表进行分享。

师（小结）：这些内容都是初升高可能面临的问题，关注心理健康，形成成长型思维迫在眉睫。我们必须认识到，成长比成绩更重要，没有什么是不可跨越的困难。

四、锦囊妙计

根据保罗·史托兹博士的《逆商》[①]这本书可知，LEAD（Listen, Explore, Analysis, Do）可以非常有效地帮助人们持续提高逆商，并改进应对逆境的方式。因此可以用 LEAD 方法来提高学生的抗挫能力，培养成长型思维。

师：请同学们上来抽取锦囊妙计，选取其中一种来解决你所抽的问题。

1. Listen（倾听）。

倾听我们对逆境的反应。

一旦发现逆境来临，我们的大脑就马上敲响警钟，用一个很好玩的声音来表达逆境来临。比如，大声地叫"逆境"，或者发出搞笑的声音。

2. Explore（探究）。

探究事件责任人——通过改变他人来改变逆境，不如通过改变自己来改变逆境更有效。

3. Analysis（分析）。

分析三个问题：

（1）这个事会影响到其他哪些方面吗？

（2）这个困难会持续很久吗？

（3）这个局面是不是已经无法掌控？

4. Do（做）。

做点事。做什么事？什么时候可以做？把所有能做的事列举出来，列举出来以后一步一步地做到最后，包括时间、地点、怎么做都写出来。这叫漏斗法。

师：现在你们有 5 分钟小组讨论时间，时间到后，每组派一名代表来分享小组讨论的结果。

（生开始激烈地讨论）

---

① ［美］保罗·史托兹. 逆商［M］. 北京：中国人民大学出版社，2019.

师：现在请第一组派代表来分享。先告诉大家，你们抽中的几号题，打算选用哪个锦囊妙计来解决问题。

小组1：我们抽中的问题是，"现在的老师也没以前的老师那么关注我了，是因为我的成绩太差吗？"我们打算选用Explore，探究事件责任人。老师没那么关注"我"，事件责任人应该是"我"，不是老师。那就要反思"我"现在的表现跟以前有什么不一样，通过改进自己的学习习惯来重新赢得老师的关注。

师：回答得很好，事件责任人大多都是自己。A同学说得很好，通过反思自己的表现有什么不同来做出改变和提升。但是我想问，提升和改变的终极目的是为了赢得老师的关注而已吗？

生（激动地）：老师，我知道了，提升和改变是为了重新找回自己的目标。

师：是的，既然自己还是事件责任人，所以终极目的还是要回归自身。同时，刚刚我们的假设是基于老师真的对自己有看法，需要做出改变。但有没有一种可能是老师并没有对我们另眼相待，而只是我们自己的臆想？

生：对，所以还是探究事件责任人自身，需要端正自己的心态，明确为自己负责，也就不会受外界干扰，也不会去曲解外界的信息。

师：非常好。下一组同学。

小组2：我们选中的题目是，"高中'高手如云'，怎么努力也没有我的一席之地，我是比别人笨吗？"我们想选用Analysis，分析问题。

成绩暂时落后的确影响了"我"其他方面的发展，让"我"有点自我怀疑，不够自信。但"我"相信这个困难应该不会持续很久，毕竟"我"才上高中一两个月。虽然这暂时让"我"在同学们面前有点抬不起头，但同学们并没有瞧不起"我"，而且"我"还是可以通过调整学习心态、优化学习方法来改变现状的。

师：回答得非常好，所以大家会发现，当下的很多困难，并不是一盘僵局，你从纵向、横向看看，还是有办法的。有请下一组。

小组3：我们的题目是，"中考后的暑假太长了，沉迷电子产品，现在无法自拔，学习无法进入状态，我该怎么办？"我们打算选用 Do，做点事。

做什么事呢？远离电子产品。什么时候可以做？从现在开始，上交手机等电子产品给老师。在教室里，每天把一天要做的事情做好详细规划，并且让同桌监督自己是否处于学习状态；在家里，先完成学习任务，闲暇时间可以看世界名著或者跟朋友出去打打球运动一下，让原来打游戏的时间被各种正能量的事填满。

师：太棒了，本质就是让自己不去想游戏，找到游戏的替代品，那就是让自己忙起来，有事可做，有事可想。下一组谁来？

小组 4：我们的题目是，"家长不懂高中知识跨度非常大，我一时难以适应，分数再也没有初中那么耀眼，他们就只看分数，觉得我没有努力，一直批评我不上进，我觉得心理压力很大"。我们选用 Listen。看到妈妈气势汹汹地过来，我们可以笑着说，逆境来了。

（全班哄堂大笑）

师：很好，就这么一句轻松的话，既放下了自己沉重的思想包袱，还能够化解跟父母的矛盾。那你轻松化解紧张的氛围之后咋办？

生：可以选用 Do，做点事，按漏斗法规划好接下来的学习计划，不仅让自己的目标更明确，还可以让家长从根本上放心。

（全班掌声）

让学生学会使用 LEAD 工具分析挫折和困难，可以解决大部分问题，如果实在无法解决，也要学会宽恕和悦纳自我。

最后，以一位刚从援沪抗疫战场上回来的家长的话语结束这节课。

当你选择了你的社会角色，就选择了你的社会责任，当你勇于担当，负重前行的同时，也实现了你的人生价值。虽然你只是在一个平凡的岗位上，发着微弱的光。但只要它持续发光，就能照亮别人，就有它的能量与价值。相信自己，做好当下，也就实现了自我价值。

——驰援上海抗疫随笔

【反思与总结】

带领学生在黑板上完成思维导图，回顾了整节课的脉络——面对困难应用成长型思维应对，可借助 LEAD 工具培养成长型思维，如此，再大的困难也不可阻止我们的成长和进步。以一位参与了援沪抗疫的家长的话语作为课程的结束语，再次强调在困难面前，只要能够坚定信念，用成长型思维看待已知和未知的挑战，就一定能够战胜困难，取得进步。

广东省佛山市南海区石门中学　胡逸涵
本课荣获 2022 年佛山市心理健康教育主题班会特等奖

6. 构建游戏的"防火墙"

——挖掘游戏管理能力，提高自我监控力

【班会背景】

当下的电子游戏玩法新奇有趣，设计精美逼真，且游戏平台又缺乏有效管控措施，很容易让人沉迷游戏。

青少年由于自身意志薄弱，自控能力较差，易受游戏诱惑；且高中学习压力大，学生课余生活缺少乐趣，而游戏通过赏罚机制、竞争排名机制、虚拟的精神或物质奖励等方式，很容易让青少年形成游戏依赖；同时，青少年渴望获得成就感，而游戏让玩家通过替代体验彰显强大的自我，这更强化了青少年的游戏依赖。再者，很多网络主播也是青少年，容易给学生以不良示范效应，以致很多学生都说自己的理想是当游戏主播。所以当下很多青少年沉迷于游戏而无法自拔。

脑科学研究者通过研究发现，网络成瘾青少年可能存在大脑多个区域体积异常。长时间沉溺网络游戏会使人产生精神依赖，也会造成视力下降、失眠、肌肉酸痛、大脑发育受损、激素分泌失衡、免疫能力降低、紧张性头疼、颈椎病、干眼病等肉体伤害，甚至造成紧张、焦虑、抑郁等，严重者可能导致死亡。

高中生处于青少年成长的关键阶段，尽管成人意识增强，但自我管理能力欠缺。高中生的心理和行为方面表现出强烈的自主性，所以教师要运用价值观澄清法、优势成长思维法，帮助学生理性对待游戏，合理监控自我，形

成良好的游戏自我管控能力，健康成长。

【班会目标】

1. 知识与认知目标：领悟游戏精神，汲取游戏正能量，认识游戏成瘾的危害。

2. 方法与能力目标：增强自制力及自我管控意识，运用正确方法合理掌控游戏，构建游戏"防火墙"，对游戏的不良诱惑有过滤能力。

3. 情感与态度目标：寻找更多的成功体验替代游戏，做适合自己个性特长领域的"王者"。

【课前准备】

1. 准备彩色笔。
2. 学生游戏项目、网游时间及游戏体验等统计调查。
3. 提前采访，搜集信息：你喜欢什么样的游戏管控方法？你有什么好的自我管理游戏时间的方法？

【班会过程】

一、初体验：我爱游戏

1. 游戏彩虹图。

师：请同学们拿起彩色笔，根据自己的理解绘制自己的游戏彩虹图，并把相应的游戏分值设计成相应的彩虹长度，之后再谈谈自己的评分依据。

PPT出示彩虹图各颜色对应的玩游戏积极体验（这些体验都是学生课前问卷的统计调查结果），且每条颜色的满分分值为10分。

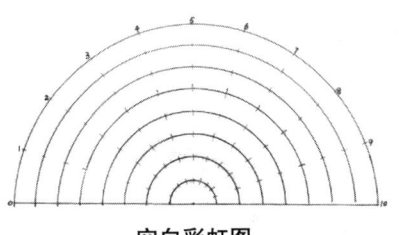

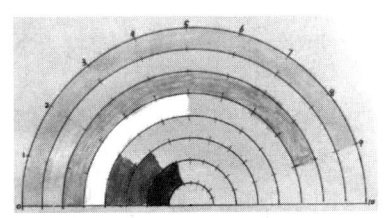

空白彩虹图　　　　学生图画彩虹图示例

各颜色对应的游戏体验感受（分值越高，体验认同感越高）：

（1）赤（红）：体验惊险刺激；

（2）橙：娱乐生活，调节生活的乏味；

（3）黄：缓解压力；

（4）绿：摆脱烦恼；

（5）青：锻炼团队意识，强化人际关系；

（6）蓝：获得审美体验；

（7）紫：其他游戏体验感受。

师：我看你的黄色条分值为9分，这说明游戏是你缓解压力的主要方式，对吗？

生1：是的。生活中我不喜欢和别人交流，又比较宅，所以我喜欢和游戏做朋友。

师：你可以从你的角度，再说说游戏还有什么益处吗？

生2：我认为有些游戏的美工很精美，我可以欣赏，从而提升自己的审美。

生3：我可以通过游戏中定位方向，找到自己的人生角色，并为之努力奋斗。

2.观看视频。电视剧《穿越火线》最后的结尾部分："电竞和所有的体育竞技一样，充满热血和激情，不服输，才是青春。有梦就去追。"

师：真正的好游戏，可以激发成长体验，获得更多的正能量，用热血和激情为青春增添靓丽的色彩。

设计意图 通过彩虹图了解学生对游戏的价值观，认可游戏的益处，总结游戏精神和大家产生情感共鸣，发挥游戏的正向价值。

二、深入看：游戏上瘾就像慢性中毒

（一）不一般的游戏

1.资深游戏设计师吐露心声。

如果一款游戏不能让青少年上瘾的话，这将是一款失败的游戏。玩游戏的人如果不上瘾，游戏公司就无法赚钱盈利。所以，在顶级游戏设计中，教育学家、心理家、行为家、顶级美工共同参与打磨，让每一个环节每一个关卡都会给你及时的反馈、给你奖励，让你极度兴奋，有强烈的成就感，让你为之心甘情愿地熬夜不睡觉，让你深陷其中无法自拔，甚至自甘堕落。

师：同学们看完这段话之后是不是非常震惊？来说说你的感想吧！

生1：没想到游戏的背后如此可怕。

生2：沉迷游戏就像慢性中毒，如果不注意的话，将堕入深渊。

生3：原来我们沉迷游戏是有原因的，看来这是一个人为的"圈套"。

2. 播放小红书视频：《游戏时的大脑活动》。

视频用动画的方式形象生动地展现了游戏时大脑的变化，以及由此产生的负性影响。观后集体讨论：沉迷网游的危害。

生：游戏虽不是洪水猛兽，高质量的游戏还可以提升审美及锻炼反应力，但过度游戏让大脑杏仁核处于极度兴奋状态，长时间这样，将导致荒废学业，影响身体健康等，所以，游戏上瘾就像慢性中毒，是瘾也是病。

师（小结）：据了解，早在2017年，世界卫生组织就已经将"游戏成瘾"列入精神障碍系列。游戏的负面影响如注意力涣散、记忆力下降、身体严重伤害、道德品质下降，严重者网络成瘾而失去生活兴趣，变得不玩游戏就焦躁、抑郁等，对此我们必须要有清晰的认识。我们反对的是沉迷游戏，而不是游戏本身，玩游戏容易成瘾，一旦成瘾，就很难戒除，且容易复发，对身心也将产生不可逆的伤害。沉迷游戏，无异于毁掉自己，毁掉一个家庭，甚至毁掉一个民族的未来。所以，请理性游戏，注意尺度，构建属于自己的游戏"防火墙"。

设计意图 通过本环节深化对游戏的认知，正确认识游戏与沉迷游戏的区别，深刻认识到沉迷游戏的危害，澄清且完善游戏价值观，进而获得更高层次的游戏理性认识与体验。

（二）两张醒脑图的启示

师：请大家说说，为什么说这是两张"醒脑图"？

生1：游戏带来的快乐是短暂的、虚无的，当大家都成为"低头族"，世界的美将不再延续。

生2：这也让我意识到通过玩几把游戏就想当游戏主播的想法确实肤浅了。游戏不是成功捷径，通往成功的路从来都不平坦且只有少数人能踏上。

生3：当大家都崇尚"游戏至上"时，就要谨防"娱乐至死"了。我曾经看过一篇文章《当你和手机共处一室时，你就会变傻》，不要觉得是危言耸听，是真的会变傻。追求感官享受是人的天性，人容易沉迷于其中，有点像"温水煮青蛙"，却不知危险将至。

生4：我觉得这也很像我们的现实生活。第一幅漫画在提醒我们：我们都知道游戏有两面性，但却总是被它诱惑性的一面吸引而沉迷，甚至上瘾，就好像大家都蜂拥着去挤一个电梯，宁愿挤着等着，都不愿走出"游戏"的世界。但不要忘记了，其实走楼梯也不错。

师：方寸之间，世界有限。希望同学们不要只低头沉浸于屏幕前虚化的、短暂的快感，而忽略了身边的靓丽风景、身边的亲朋好友，以及自己的理想追求。

设计意图　通过手绘醒脑图引发学生思考，获得更深刻的成长价值体验。

三、行动派：超越游戏

1. 知乎文章分享。

《致那些有电竞梦想的孩子》作者是中国电竞第一人SKY李晓峰，他曾代表中国参加世界电竞比赛，还曾拿下中国首届世界电竞冠军，他在文章中说道：

想成为一名职业选手，绝非大家想象的打游戏那么简单那么快乐。电竞也需要天赋，且超出常人十倍百倍的努力，一套技术动作不停重复，一天下来人都瘫了。我在做职业选手的时候，每天的训练时间要10个小时，有时候甚至达到18个小时，练到拿起鼠标眼睛模糊，大脑无意识，即使在这种情况下，我还能坚持很多盘，我会坚持到完全没有任何意识，再打就要昏过去，练习不了任何东西。

有电竞职业梦想但没有实现的具体规划与操作，那就是空谈。我个人不鼓励盲目追求梦想，现在网上不是极端的成功文化，就是极端的心灵鸡汤，你要找到适合你的，可以实现的梦想，有了方向，然后奔着它努力。

2. 金句PK：各小组自创一些有关合理游戏的标语，在班级展示。

学生1：做游戏的主人，不做游戏的奴隶。

学生2：游戏虽好，可别过度。

学生3：没有游戏，度日如年；沉迷游戏，虚度青春。

3. 掌控游戏我可以。

师：我们要做游戏的主人，而非游戏的奴隶。当所有的主动权都掌控在自己手上时，你才能去追逐自己想要的生活。构建游戏的"防火墙"，我们该怎么做呢？

- 循序渐进法（慢慢减少游戏时间及对游戏的依赖）；
- 自我暗示法；
- 限定时间法；
- 转移注意力法；
- 替代疗法；
- 厌恶疗法；
- 他人监督法。

师：替代疗法就是在实际学习生活中寻找可以努力的方向，结合自己的兴趣特长，做真正的"王者"，例如：打篮球王者，写作文王者，唱歌王者……世界那么大，我们更应该拓宽视野，增强自制力，学会抵制游戏诱惑，健康生活。

师（小结）：对游戏的正面与负面影响我们都有了清晰的了解；掌控游戏的方法我们也有具体介绍，所以希望同学们通过这堂课，构建游戏的"防火墙"，做游戏的主人，寻找适合自己的"王者领域"，驾驭游戏，走向成功。

设计意图 利用名人效应产生榜样示范作用，增强客观说理性；利用讨论，形成群体舆论效应，学习理性对待游戏，寻找适合自己个性发展的领域，成为自己的王者。

【课后延伸与拓展】

1. 推荐观看热播电视剧《穿越火线》，汲取剧中青年在游戏中追逐青春梦想的正能量。

2. 实施量化考核，将作业、纪律、卫生、周末在家学习情况等方面的表现赋予相应分值后进行每周核算，通过评比每周的"个人之星""小组之星"等，营造良好班风。

3. 丰富班级活动。定期组织班级竞赛活动，如"班徽设计大赛""网络辩论大赛""博客个人空间设计评比""班级电子报"等，把学生的游戏注意力引导到查资料、找信息、想创意方面去，鼓励学生在其他方面获得成就感。

4. 根据问卷调查结果后续追踪，对已经沉迷游戏的同学，适当采取以下干预方式：

（1）耐心引导，必要时请心理医生介入，对学生进行心理干预治疗。

（2）家校长期坚持沟通、动态观察。

【反思与总结】

1. 教师展示第一个彩虹图时，要侧重让学生多谈游戏体验，利用朋辈效应影响学生价值观，拉近师生距离，巧妙地和学生产生情感共鸣。传统的劝说式不要沉迷游戏的班会课容易让学生厌烦，产生思想抵触，所以教师要找到情感支撑点，切实认可游戏竞技精神及游戏的正向影响力，借游戏话题做学生的"心理同行人"。

2. 在进行第二个教学环节时，一定要注意步步推进式地深化学生对游戏的感悟。教师要通过出示相关资料、信息，让学生的思维激荡，进而主动得出客观的、深层次的体验式感悟，明白游戏背后的真相，建构正确的游戏价值观，进而理性对待游戏，愿意为获得管控游戏的自驱力而放下思想戒备。

3. 班会是重要的思想道德教育阵地，如何让班会形成的价值观持续性地影响学生的行为，是值得深思的一个话题。一般来讲，学生往往是"课上激动有昂扬斗志，下课忘到九霄云外"，所以，为了让学生将价值观进一步内化，教师可以通过设计"金句"及其他班级活动，加深班会效果，以期持续影响学生行动。

广东省佛山市南海区金石实验中学　易宜红

7. 你好，长颈鹿语言

——学会沟通技巧，改善亲子关系

【班会背景】

　　进入高中阶段，很多家长反映和孩子的交流更加不畅，亲子矛盾呈现加剧的趋势。这既和很多父母缺少亲子沟通的方法有关，也和青春期孩子独立意识进一步增强有关。亲子矛盾，一般在初中就会出现，随着青春期的来临，学生的独立意识越来越强，但是父母教育子女的方法并没有与时俱进。升入高中，寄宿的学生更多，亲子沟通的时间进一步压缩。周末放假，有些家长依然只关心孩子的学习问题，习惯于居高临下的说教，使得亲子关系进一步恶化，从而形成了一种青春期孩子独立意识与父母掌控欲对抗的模式。

　　同时，班上也出现了比较极端的个案，某同学因为小时候在爷爷奶奶身边长大，就滋生了怨恨父母只顾创业不管自己的想法。虽然初中后父母把他接到了身边，但该生还是难以打开情结，经常和父母作对，甚至用周末故意不回家等方式来对抗。

　　以此为背景，我设计了一节关于"家"与"亲情"的班会。班会以马歇尔·卢森堡《非暴力沟通》中倡导的"长颈鹿语言"为理念指导，也就是"观察—感受—需要—请求"四步沟通法，让学生和家长在班会中感悟成长，掌握一些实际有效的亲子沟通技巧，为营造良好的亲子关系做出自己的努力。

【班会目标】

1. 知识与认知目标：了解"长颈鹿语言"的基本内涵，理解非暴力沟通的四个环节，即观察、感受、需求、请求。

2. 方法与能力目标：通过创设情景、讨论和演绎，指导学生和家长学会运用"长颈鹿语言"这一工具，掌握提升亲子关系的技巧。

3. 情感与态度目标：体验孩子和家长的需要、感受，理解亲子关系的复杂性和重要性，增强主观上提升亲子关系的能动性，促进亲子成长共同体的塑造。

【课前准备】

1. 与部分目标学生和家长沟通，进一步了解他们在学业沟通、生活交流等方面亲子关系的现状和困惑，并整合成案例作为班会素材。

2. 请每位家长提前为孩子写一封不署名的信（电子版），说说自己的心里话，班主任提前收集并整理典型案例，用于班会课件制作。

3. 邀请家长全程现场参与，每5对亲子组成一个小组，方便讨论。

4. 按照分组，把同组的匿名信放在一起并编号，打印出来，上课时发放。

【班会过程】

一、盲猜信件，激发兴趣：哪封信是写给我的

师：今天，我们聚在一起，家校一起学习如何进行良好的亲子沟通。

活动过程：

（1）分组。5对亲子一个小组，共9组，每组选一位同学和家长作为主要发言人。

（2）发信。把同一组的写给孩子的信发放到位。

（3）猜一猜。每一组学生共同阅读家长写给孩子的信，猜一猜哪一封是写给自己的，并交流他们最喜欢哪一封和最不能接受哪一封，说一说为什么。

（4）发言人分享讨论结果。

小组1：我们最喜欢的是编号3的这封信。家长用了非常平等的语气写信，没有什么说教，读完之后我们觉得特别温暖，比如"面对选科，妈妈希望和你一起分析，提出可行性的建议，更会支持你最终的选择""当你在学校遇到了烦恼，妈妈愿意做一个倾听者，并和你一起肩并肩，面对和解决"。

我们最不能接受的是编号5的这封信。这位家长写来写去都是让孩子不要贪玩，要认真学习，比较啰嗦，看完之后觉得家长不理解我们。

小组2：我们最喜欢的是编号15的这封信。这位家长在信中写道"爸爸愿意和你一起，走在成长的路上，我和你都是学习者和成长者，让我们一起努力""你在求学的路上可能遇到不同的挫折，希望你永远记住家这个温暖的港湾，爸妈永远是你最坚强的后盾"，读完之后，我们觉得特别有安全感，觉得家长不仅有爱，而且知道如何去爱。

我们最不能接受的是编号17的这封信。这位家长在信中说"到了高中，你已经是大人了，爸妈也管不了你，只能靠你自己，你要好好珍惜""要遵守学校的纪律，不要给爸妈添麻烦"。感觉这位家长总是想着甩锅，逃避家长的责任。

（屏幕显示）常见的亲子矛盾产生的原因包括：

1. 家长的教育方式单一、僵化，说教比较多，啰嗦。

2. 家长喜欢居高临下地教育孩子，话题常常围绕学习，忽略孩子的其他需求。

3. 家长并没有随着孩子的年龄变化和心理变化，改变教育方式。

4. 高中生已经有非常强烈的独立意识，被尊重的意愿显著提高。

5. 青春期行为方式容易情绪化，孩子甚至用比较激烈的方式表达情绪。

6. 当无法和父母达成一致，孩子就不愿意再向父母敞开心扉。

设计意图 通过亲子信盲猜，带动班会气氛，增加班会的趣味性，激发学生参与的主动性。通过讨论，发现孩子们喜欢的亲子沟通方式，暴露家长和孩子沟通存在的共性问题，为第二环节创造问题情境。

二、智慧处方——"长颈鹿语言"

（屏幕显示）典型案例

母：就知道玩手机，作业做完了吗？

子：没有。

母：这么大了一点也不懂事，看你成绩退步了这么多也不着急，我像你这么大的时候学习可认真了。

（孩子沉默）

母：你看看小李，每次考试都班上第一，他有没有和你一样沉迷手机？

子：那你去做他妈妈吧。

师：这个案例，由于母子间沟通不畅，引发了亲子矛盾。那有什么方法可以改善吗？著名的马歇尔·卢森堡博士发现了一种沟通方式，依照它来谈话和聆听，能使人们情意相通，和谐相处，这就是"非暴力沟通"，因为长颈鹿在进食时能够把刺化为自身的营养，代表着沟通顺利进行，最终达成一致，我们又形象地把它称为"长颈鹿语言"。

（屏幕显示）智慧处方——"长颈鹿语言"

第一步，留意观察。客观地说出你观察到什么具体的行为，不作判断或评估。

第二步，表达感受。感受没有对错，只要如实说出。"我感到生气""我感到开心""我感到难过"……

第三步，理清需要。为什么会有那样的感受？可以说"我感到难过，是因为我很在意……"

第四步，提出请求。明确告知他人，你期待他采取何种行动来解决问题。请求不是命令，而是具体的可实践的需求，不是空洞抽象的需求。

活动：请小组根据"长颈鹿语言"的四步法，把刚才的母子对话改成合理的沟通方式。

小组1

母：我看到你玩了快2个小时手机了（观察），我感到有点伤心（感

受）。因为我很担心你完不成作业，成绩下滑（需要）。你能不能规划一下，等作业完成了再玩？（请求）

子：好的。看到你着急的样子（观察），我能感受到你的担心（感受）。我想着再玩一会儿就写作业了（需要），等我把这局游戏打完就写好吗？（请求）

小组2

母：小林，我发现你的学习成绩退步了（观察），我感到有些担心（感受）。你玩了一上午手机了（观察），这是不是退步的原因之一呢？如果是，我就更难过了（感受）。我很希望你能考上一所理想的大学（需要），你是不是可以学一些时间管理的方法，好好规划一下呢？（请求）

设计意图 通过典型案例，让学生和家长了解"长颈鹿语言"的有效性和基本步骤，并通过"长颈鹿语言"四步法训练，初步学习和使用这个工具，感受其魅力。

三、举一反三——用心塑亲情

活动：根据长颈鹿语言的四步法则，请孩子和家长分别给对方写一封简短的信，并在组内分享交流，并选出最好的书信班内分享。

学生1：亲爱的妈妈，自从我升入高中以来，我感受到了您无微不至的关心。您怕我学习跟不上，怕我住宿不习惯，怕我人际交往遇到问题，这些我都感受到了，心里也暖暖的，谢谢您！同时，我也想请您放假的时候给我一些空间，不要跟得太紧，我也想要有自己的学习和生活方式。我们当然也可以坐下来一起协商，一起规划，让我们一起学习使用"长颈鹿语言"，温暖彼此，共同成长！爱您！

家长1：亲爱的儿子，很高兴看到你升入高中之后能顺利地适应新生活。我看到了你周末专注做作业的样子，运动后挥洒汗水的样子，开怀大笑的样子，妈妈感到由衷的欣慰。当然，我还看到你有时候玩手机忘记了时间的样子，看到你嫌弃妈妈唠叨不耐烦的样子。我觉得，我们彼此都需要调整和成长，妈妈很愿意和你一起学习和蜕变，你愿意吗？

设计意图 通过重复训练，学会运用"长颈鹿语言"，并通过书信的方式强化记忆，以掌握这种切实有效的工具。通过班内分享最佳书信，强化"示范效应"，肯定他们的进步，激发他们继续学习的动力。

师（总结）：融洽的亲子关系，需要孩子和家长共同努力。在我们遇到亲子矛盾时，要学会理性分析原因，学会科学的沟通方法，如这节课提到的"长颈鹿语言"就是一个非常实用的工具。只要我们亲子双方掌握一些沟通的技巧，共同努力，就会形成良好的成长共同体。

【课后延伸与拓展】

请家长和同学们根据这节班会和所学习的"长颈鹿语言"工具想一想，在接下来的日子里，在哪些方面需要改善并罗列出来，利用周末继续尝试用"长颈鹿语言"改善亲子沟通。

设计意图 "长颈鹿语言"作为非暴力沟通的一种工具，需要长时间有意识地训练才能灵活运用和取得效果，因此，以班会延伸的方式来强化这个工具，同时可以增加亲子沟通的机会，提升学生和家长间的亲子关系。

【反思与总结】

1. 无论是孩子还是家长，都希望拥有良好的亲子关系。而亲子矛盾的出现并不是他们主观的意愿，而是方法的缺失。本节班会以"长颈鹿语言"为核心，教授他们一个实用工具，为亲子关系改善提供途径。

2. 班会通过治愈他人发现问题和方法，再反躬自问，发现孩子和家长彼此的成长空间，为亲子关系改善提供方法和机会。

3. 后续还需要借助家长会、家访等契机，延伸这节班会的内容，让亲子关系改善落到实处。

广东省佛山市南海区南海中学　孙钦强

8. 加油吧，海马体

——发现记忆密码，提升学习效率

【班会背景】

高一学习科目增多，学科难度增大，纵深要求提高。许多学生仍然习惯于小初阶段形成的学习习惯，但效果欠佳，从而导致学习压力增大、课堂效率不高、作业完成困难等现象。学生在信息加工、记忆原理、学习策略、学习技巧、学习迁移等方面都有优化的空间，这也是学习心理学重要的组成部分。

青春期是人脑自我整合、修正与重塑的高峰期，高中生正处青春期后半阶段，脑更活跃，可塑性更强，科学的干预和支持，可以更好地促进其发展，提升学习能力。科学学习、高效学习是高中学生的必修课，但他们没有系统的知识储备和主动学习意识，所以，教师的科学指导是优化学生学习方法的一个重要途径。

海马体是人脑中负责记忆加工的最重要的脑结构，无论是记忆还是存储都发挥着核心的作用。高中生的海马体比成年人更活跃，具有更强的记忆、吸收和学习的能力。因此，只要掌握科学的记忆方法，高中生更容易记住新知识并维持更长时间。

本节班会依托《考试脑科学》和《知心育人》等书籍，提炼出海马体与记忆的相关内容，让学生在互动中体验海马体的神秘之处，在活动中发现记忆的秘密，并引导其运用到日常学习中，从而达到提高学习效率，减轻学业压力的目的。

【班会目标】

1. 知识与认知目标：了解记忆的基本规律，理解长期记忆和短期记忆的关系。

2. 方法与能力目标：通过视觉感受、情景创设，感知学习方法的重要性，掌握"欺骗"海马体的常用技巧，提升学习效率。

3. 情感与态度目标：提升对科学学习的认知，拥有科学精神和理性认知。

【课前准备】

1. 通过面对面交流，摸排学生目前学习所遇到的主要困惑，并结合学习心理学的相关知识制作课件。

2. 以宿舍为单位提前分好小组，整合他们最关心的学习问题，用于课堂讨论。

3. 制作"加油吧，海马体！——发现我的优势记忆法"卡片，打印出来人手一份，用于课后延伸反馈。

【班会过程】

一、图片导入——照片与思维

师：仔细观察我们班同学拍的照片，你能看到哪些信息？

生：一盆绿植，阳光，门，地板。

师：再看看，还能看到什么？

生：旁边还有一棵绿植，影子。

师：再仔细看看，还能看到更多的信息吗？

（学生眉头紧锁，不知道怎么说）

师：我们再加一张照片，和第一张对比，能不能看出更多的信息呢？

（学生陆陆续续说出了更多观察到的答案：花盆是蓝色的，没有开花，叶子比较大，叶子颜色更绿，比较矮）

师：很好，你们看到了更多的细节，而这些信息最开始却是我们忽略的。如果没有对比，即使眼睛看到了，大脑也没看到。这就是学习方法的重要性，两张照片通过对比，我们就能获取更多容易忽略的信息。因此，借助科学的学习方法，可以提高我们的学习效率，甚至事半功倍。

设计意图 通过观察两张植物照片，感受个人学习的局限性，体验学习方法的重要性，激发学生对本节班会的兴趣。

二、情景故事——小华的困惑

小明和小华从小就是同学，他们小初阶段成绩都非常不错，但小华略胜一等，他们也曾一起做过智商测试，小华的智商高一些。最终，小华以高于小明10分的成绩考入同一所高中。

进入高中，学科深度、广度都增加了不少，小明适应得不错，成绩依然优秀。但小华却经常对小明吐槽听不太懂，作业也经常完不成，感觉自己变笨了，成绩也逐步下滑。小华很着急，不理解自己为什么智商比小明高，也挺努力的，为何成绩反而越来越差。现在开学快两个月了，小华的学习压力越来越大。

小组讨论：请结合小华的故事，分享你们小组升入高中后遇到的学习困惑。

小组1：和小华类似，我们小组也有同学觉得学习挺努力的，但成绩下滑了。平时疲于应付作业，没时间消化当天所学的知识；习惯于小初阶段那一套学习方法，但好像不适合高中。

小组2：一开始遇到困难没有及时解决，越积累越多，最终就会觉得力不从心，问老师也不知道从何问起。

小组3：自己想好好规划，但是不知道怎么规划，比较迷茫。

师：通过刚刚的故事和小组活动，我们发现很多同学和小华一样，在学习上遇到了困难。那么怎样学习才更加有效呢？这就是我们这节班会要探讨的内容。

设计意图 通过案例讨论并结合学生日常学习，初步了解目前同学们在学习上遇到的困惑和困难，使其意识到学习方法的重要性。

三、揭秘——"欺骗"海马体

小组互动：以某一学科为例，举例说明你日常是用什么方法记忆和巩固知识的。（小组讨论3分钟，学生代表分享记忆方法）

生1：我记英语单词的方法是先读几遍，脑子里先有点印象，然后再抄一两遍，感觉记住了的话，第二天会再默写一遍，这样就能把多数单词记住了。

生2：我做数学作业之前，会把当天学过的公式和原理先熟悉一遍，才开始写作业。这样可以规避一些低级的错误。

生3：我学地理喜欢用画思维导图的形式来记，这样有逻辑性，更容易记。

师：非常好，刚刚同学们讨论和分享了一些学习的方法。这些方法为什么会有用呢？这里面可是有科学道理的。

（屏幕显示）

人脑中存在长期记忆和短期记忆，保存长期记忆的部位叫做大脑皮质，但它的容量是有限的，只有被判定为必要的信息，才会被其保存。而判断信息是否重要的是负责短期记忆的海马体。但海马体一般不会把对于生存不是不可或缺的知识判定为必要信息。那我们应该怎么办呢？方法只有一个，那就是欺骗海马体。

人脑的信息分为输入和输出两种方式。如背单词的行为相当于输入，提取保存于大脑中的单词，去解答试题的行为，则相当于输出。要想留住记忆，就要重视重复输出训练，那么海马体会认为这个信息经常被使用，对于你而言一定是非常重要的，就会判定为必要信息。

师：那怎么才能欺骗海马体呢？我们需要倾注全部的热情，持续不断地把所学的知识传送给海马体，并不断重复，这样才会"欺骗"海马体把这些知识判定为必要信息。所以，复习是学习最基本也是最重要的一个环节。可是一听到复习同学们会觉得简单且枯燥，其实复习是很讲究技巧的。这就不得不提遗忘曲线，这是由德国心理学家艾宾浩斯研究发现的，它描述了人类大脑对新事物遗忘的规律。

（屏幕显示）

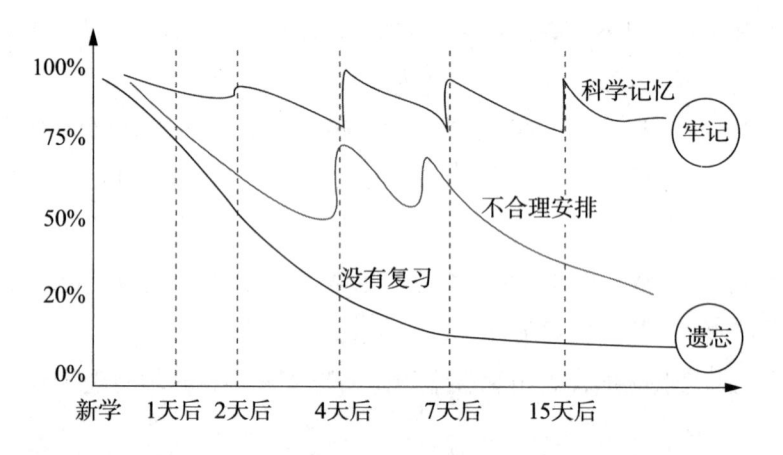

观察"不同情境下艾宾浩斯复习与遗忘曲线"，发现了什么规律？高效复习策略要如何实施？

生1：我发现知识学完之后如果没有复习的话，遗忘的速度非常快，两天后就忘记了大部分。

生2：不同的复习策略效果有明显的区别，根据科学记忆曲线，我们发现如果在学习新知识后的最开始一两天就及时复习，并在后面第四天和第七天再次进行复习的话，就可以取得非常好的记忆效果。

师：没错，学习方法是非常重要的，科学的复习方法让海马体将我们所学的知识判定为必要信息，这样才会进入大脑皮质形成长期记忆，达到高效复习的目的。反之，如果复习计划满满当当，却随意又不科学，就很容易产生努力却没有回报的后果。

结合海马体的特点，我建议大家按照如下计划展开复习（屏幕显示）：

第1次复习：新学习后的第1天。

第2次复习：新学习后的第3天。

第3次复习：新学习1周后。

第4次复习：新学习2周后。

通过这样的复习方法，海马体会将信息判定为必要信息，并允许它们进入大脑皮质，这样做足以达到高效复习的目的，没有必要再复习更多次。

同时，相对于被动的学习，灵活运用所学知识，效率会更高。有哪些具体可实操的复习方法可以提高记忆的效率呢？我们一起来揭秘。

设计意图 通过学生记忆实例分享，发现一些有效学习的方法，揭示记忆的秘密。使学生对长期记忆和短期记忆的规律有初步认知，了解海马体的特点，为下一环节的探索与实践做铺垫。

四、神奇的"狮子记忆法"

师："狮子记忆法"是《考试脑科学》一书中介绍的一个非常实用的方法。研究发现狮子在饥饿、走动或寒冷的环境下，海马体会处于活跃状态，可以强化记忆力。

基于以上原理，人在饥饿时，海马体也变得更活跃，记忆效果更好。背东西最有效的时间是在饭前。在开饭前背古诗、背英语单词等效果会更好。这就是为什么学霸们早上起来，喜欢在走廊、校道上背单词。同时，不要把教室搞得特别暖和，那种稍微有点冷的感觉，能够刺激大脑更高效地工作，太安逸的环境让人犯懒！

（屏幕显示）

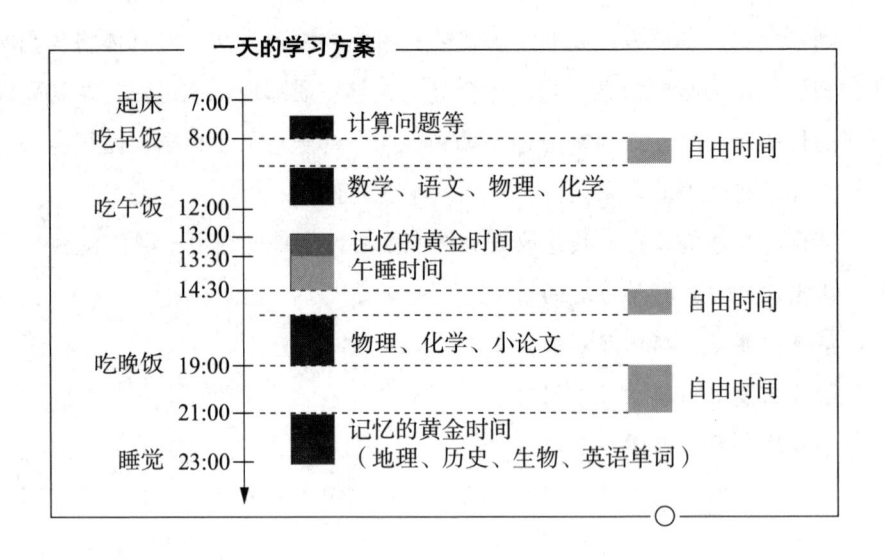

```
                  ─── 一天的学习方案 ───
    起床    7:00 ┐
    吃早饭  8:00 ├─── ■ 计算问题等
                 │                        ── ▨ 自由时间
                 │    ■ 数学、语文、物理、化学
    吃午饭 12:00 ┤
                 │
                13:00
                13:30 ── ▨ 记忆的黄金时间
                           午睡时间
                14:30 ─────────────────── ▨ 自由时间
                      ■ 物理、化学、小论文
    吃晚饭 19:00 ┤
                21:00 ─────────────────── ▨ 自由时间
                      ■ 记忆的黄金时间
    睡觉   23:00      （地理、历史、生物、英语单词）
```

学生互动：请观察"一天的学习方案"，总结出有效利用全天时间的学习方案。

通过学生分析，老师呈现结论（屏幕显示）：

1. 饭前处于饥饿状态正适合学习。

2. 睡觉（午睡和晚睡）前也是学习的黄金期。

3. 早饭或晚饭后处于饱腹状态时，可以适度放松。

4. 睡觉前非常适合学习那些需要记的科目，比如地理、历史、生物，或者背诵英语单词。

5. 上午是人在一天之中最清醒的时间，用来学习对逻辑能力要求比较高的科目，比如数学、语文、物理和化学。

（屏幕显示）故事续篇：追赶

小华想提高自己的成绩，追上小明，决定更加努力地学习。他本来下午放学后经常去打篮球，现在都用来写作业。晚自习也是按部就班地依据科代表布置的作业一科科做下来，完不成的就在晚上宿舍熄灯后，躲在厕所熬夜刷题。他期待下一次考试能逆袭。

小组思辨：请根据我们前面讲的科学的学习方法，说出小华存在的问题。（3分钟讨论，小组长负责汇报）

小组1：小华没有劳逸结合，一整天都在学习，头脑容易昏昏沉沉的，学习效果会比较差。

小组2：没有学科规划，只会按部就班，如果结合学科特点规划复习和作业会更好。

小组3：可以利用走路、排队、睡前等碎片化的时间来复习回顾，这样就可以避免熬夜，伤身体，效率也低。

师：同学们都说得很有道理，通过"一天的学习方案"活动，我们已经认识到科学学习的重要性。同时，我们也要知道睡眠对大脑皮质有保护性抑制作用，使大脑神经细胞与身体得以维持和保养。通过睡眠，我们的脑功能可以及时地恢复。持续的长时间的学习会损坏前额叶的高级认知功能以及海马体的学习记忆能力。因此，中学生每天保证充足的睡眠，反而有利于提升记忆。

此外，体育运动是一种积极的放松方式，通过运动，大脑的运动中枢会变得兴奋，并快速抑制思维中枢，使脑得到充分休息。实验证明，如果我们持续保持学习状态2个小时，采用睡觉或者闭目养神等方式需要20分钟才能缓解疲劳；而如果通过跑步、打球等运动方式，只需要5分钟就可以让我们满血复活。

设计意图 介绍"狮子记忆法"的原理和技巧，通过活动梳理一天学习应该如何科学安排，以达到合理高效地学习。介绍一些其他的高效学习小技巧，让学生认识更多的科学学习的小工具，以便学生在后续学习中实践体验，找出适合自己的高效方法。

五、学习的终极秘密——乘法效应

师：观察"学习量与成绩关联图"，你能发现什么？

生：学习量小的时候，成绩进步是比较慢的。学习量积累到一定程度，成绩提高非常快。

师：通过这个曲线我们就会深刻地理解"一分耕耘，一分收获"。当然这分耕耘是需要方法的，同时是要持之以恒的。学习和成绩间关系的本质，就是你付出了千辛万苦之后才能看到明显的效果。

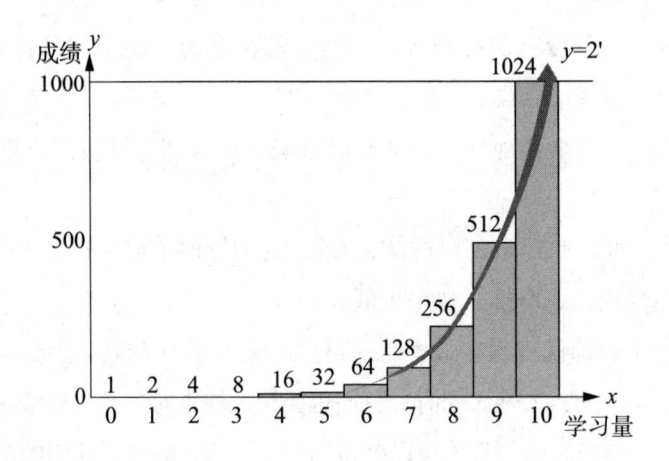

图中标注：成绩 y，$y=2^x$，1024，512，256，128，64，32，16，8，4，2，1，学习量 x

但是，很多同学都在中途就怀疑自己的能力，坚持不下去，甚至自暴自弃，实在是可惜。我们据图发现，那些通过努力成绩达到 64 的人，其之后的成绩会出现跃升，这就是神奇的"乘法效应"。

设计意图 以科学的数据为依托，发现努力和成绩之间的神奇关系，让学生认清本质，相信坚持的意义，并勇敢尝试。

师（总结）：今天，我们通过一起研究探讨，发现了学习方法的重要性，认识到记忆的秘密，并学习了一些提高学习效率的具体方法，老师后续会印发"加油吧，海马体！——发现我的优势记忆法"卡片，用于我们日常总结打卡，检验科学学习的效果。相信通过我们持续的科学实践，一定会让我们的学习事半功倍。

【课后延伸与拓展】

印发"加油吧，海马体！——发现我的优势记忆法"卡片，推出班级打卡活动，落实科学学习的方法，每周上交复盘反思，检验学习效果。

"加油吧，海马体！——发现我的优势记忆法"打卡

学生姓名：	格言：
计划尝试的学习方法：	

续表

	实践的方法	效果（1-5星）	优化措施
周一			
周二			
周三			
周四			
周五			
周六			
周日			
一周小结			

【反思与总结】

如何有效学习是很多同学的困惑，很多老师也习惯从经验主义的角度来和学生讲如何学习，但经验往往有局限性。本节班会从科学主义的视角和学生通过各种小活动，来揭秘和体验科学学习、高效记忆的方法和技巧，具有很好的正面导向作用。

在课堂实施过程中，如果我们能把日常调研的真实案例和情景融入其中，会更具真实性和有效性，能让学生茅塞顿开。

课后延伸的打卡部分，需要师生配合，发挥班干部的连接和带动作用，长期坚持，一定会取得可喜的成效。

广东省佛山市南海区南海中学　王慧岚　孙钦强

9. 能说的"秘密"

——形成健康性心理

【班会背景】

中学生正处在身体生长发育的"第二个高峰期",少年男女的身体发生了巨大的变化,开始显现出各自鲜明的性别特征。人们将这一特定的时期称作青春期。在这一时期,人的性器官明显发育并出现第二性征,性意识开始觉醒,对异性表现出极大的兴趣。这是生理上迅速发展、心理上急剧动荡的时期。

《中小学健康教育指导纲要》对高中青少年健康教育的具体目标和基本内容有比较全面的阐述,针对青少年性心理和性行为,纲要明确指出,"过早性行为严重影响青少年身心健康;避免过早性行为"。

正确的性行为需要健康的性心理的指引,蒋迪指出:"性心理是指个体对性生理变化、性别特征和差异,以及两性交往关系的内心体验,性心理涉及对性的认识、情绪体验以及对性行为的控制等与性有关的一切心理活动。"[1] 弗洛伊德在《性欲三论》中阐明了"泛性论"思想并第一次系统地探索了自幼年时代起的人类性欲发展规律。中国科学院心理所段小菊女士认为青少年的性心理具有以下表现特征:"性心理的本能性和朦胧性;性

---

[1] 蒋迪.高中生性知识、性观念、自尊特点及其与性行为关系研究[D].长春:东北师范大学硕士学位论文,2007.

意识的强烈性和表现上的文饰性；性心理的动荡性和压抑性；男女性心理的差异性。"[1] 世界卫生组织认为，性心理健康是通过丰富和完善的人格、人际交往和爱情方式，达到性行为在肉体、感情、理智和社会诸方面的圆满和协调。[2]

笔者认为青少年健康的性心理不是为了性行为的圆满和协调，而是能够运用正确的性知识认识自身和异性在身心方面的变化，坦然面对异性并接纳自己对异性的好奇、好感，用一种自然变化的态度去看待性，并且在对待性相关的问题上不压抑、不排斥、不沉迷，能够控制自己的性行为，不让他人尴尬反感。为了让青少年避免在婚前发生性行为，需要引导他们形成健康的性心理，避免婚前性行为。

【班会目标】

1. 知识与认知目标：帮助学生认识婚前性行为的危害。
2. 方法与能力目标：学生通过视频案例讨论，小组合作分析判断正确的性心理，并能够用健康的性心理控制自己的性行为，避免出现婚前性行为。
3. 情感与态度目标：形成对自己和他人负责的态度，拥有正确的性观念和性道德。

【课前准备】

1. 发放调查问卷，了解学生最需要解决的问题，有针对性地进行课程设计。
2. 采访学生，录制学生的心声，注意技术处理，避免被班级同学识别认出。
3. 制作幸福树。（用纸板做一棵1.5米高的苹果树）

---

[1] 段小菊.青少年的性心理特征[J].生活与健康，2006（1）：50-51.
[2] 卢杰.高中生性心理健康调查与辅导研究[D].太原：山西大学硕士学位论文，2008.

【班会过程】

一、故事导入：引发理性认识

师：今天很高兴能跟同学们一起来探讨性的话题，有同学在笑，或者觉得不好意思，我们先听一个故事，听完后，大家就坦然了。

一天，苏轼问佛印，你看我像什么，佛印说我看你像佛，佛印又问苏轼，你看我像什么呢？苏轼大笑说我看你像一坨屎。苏轼觉得自己赢了，非常开心。

师：同学们想一下，到底谁赢了？

生：佛印赢了，因为心中有佛看什么都是佛，心中有屎，那看什么都是屎。

师：所以，请同学们今天跟我一起用客观科学的态度来谈论性，那么原本在我们心中是不能说的秘密，现在就是能说的"秘密"了。

设计意图 学生普遍对性话题比较敏感和害羞，为了让学生能够正确面对性话题，首先用故事来让他们对性形成正确的认识，明白性是一门科学知识。

二、心理活动展开：在活动中实现认知调整

（一）春来花自开——认知

师：谈到性，我们马上就会联想到男女身体的变化和差异，现在要考一考同学们的生物知识了，这是大家小时候的图片，这是大家长大成年的图片，请同学们观察思考，青春期后大家的身体发生了哪些变化？

屏幕显示男、女性幼时和青春期后的身体图片（建议用漫画图而不是真实照片），学生讨论回答男女身体变化的共同点和差异。

设计意图 通过性生理的变化来引导学生关注性心理，认识到出现性心理是一种正常现象。

（二）慧眼识良莠——参与

播放性教育短片《性感的十六岁》，视频以动画形式呈现：小红有多位男朋友，并向朋友小紫、小蓝炫耀，两位朋友有不同的反应，后来小红与男朋友发生性行为生下孩子，小紫不幸感染艾滋病毒。

师：请同学们分析视频中处于青春期的6位男女生的性心理、性行为。先说说小红的心理、做法和结果是怎样的？

生：小红的心理，是炫耀、自豪。小红有很多男朋友，性行为放纵，这样的做法是错误的。小红放纵的结果是有了孩子。

师：请同学们回忆一下，一般一位母亲抱着自己孩子的时候是怎样的表情？周围人是怎样的反应？而小红抱着孩子时是怎样的状况？

生：一般母亲抱着孩子是幸福和开心的，并且周围人都是给以祝福，可是小红脸上充满惊恐，周围的人也是一脸惊讶。

师：为什么会这样？

生：小红未婚先孕，而且还未成年，没有承担养育的能力，孩子是意外。

师：小红的朋友小紫的心理、做法和结果是怎样的？

生：小紫的心理是羡慕、好奇。她去尝试性行为，结果感染了艾滋病毒，目前还没有有效治疗艾滋病的药物，因此等待她的是痛苦的身心折磨。

师：朋友小蓝的心理和做法是怎么样的？

生：小蓝起初是羡慕想尝试模仿，但是看到小红和小蓝的不幸遭遇后，她拒绝了男生性行为的邀请。

师：请大家站在男生的角度，分析前两位男生的做法和结果。

生：他们对异性产生爱慕，产生性冲动，想发生性行为。第一位在没有准备的情况下过早地需要承担父亲的责任；第二位男生，他自身也是一位艾滋病病毒的携带者，他的身心也是痛苦的。

师：再分析下被小蓝拒绝的那位男生心理变化的过程和做法。

生：第三位男生对女生产生了爱慕和好感，他从地上随便捡起一朵花来送给一位女生，这说明他重视这个女孩子吗？并不是，这是比较随意的态度，他只是进行试探。当女生接受他的花后，他巴拉巴拉地说了很多，大概都是些甜言蜜语，此时他是兴奋地追求，他推来了床说明此时他产生了性欲并提出了性要求，当女孩因为害怕而拒绝的时候，他没有尊重女孩，指着下体说自己难受并且下跪祈求，最后女孩坚定拒绝，他失望地离开了。

设计意图 枯燥的说教很难让学生从内心接受并掌握健康性心理的知识，所以让学生在轻松的氛围下，亲自参与课堂学习与讨论。本段视频描述方式夸张而直接，可以让学生很有兴趣并且比较准确地进行健康性心理的判断。对视频人物的逐一分析，能够让学生提升判别能力。

游戏："YES or NO"。

师：人物分析完了，下面我们来挑战一下，辨析刚才的六位人物所表现出来的性心理哪些是积极的，哪些是消极的。

屏幕呈现六位人物的性心理：

（1）对异性产生爱慕；

（2）对性好奇；

（3）用性来炫耀；

（4）羡慕朋友男友多；

（5）向对方提出性要求；

（6）为好奇不顾后果；

（7）难以控制性冲动。

师：请同学们以小组为单位把你的选择用数字的形式填写在相应位置，时间30秒。

积极（YES）：1，2；消极（NO）：3，4，5，6，7。

设计意图 本游戏的设置让学生对健康的性心理从表面上的认识转入深层次的理解和感悟。

（三）巧手折朽枝——感悟

师：一个人的性心理决定了他的性行为，因此积极健康的性心理会产生正确的性行为，而消极的性心理则会导致错误的行为。因此我们要形成积极健康的性心理，形成的前提是什么呢？就是我们刚才一直在做的事情，先要能够判断。请同学们一起来参与一个游戏——身临其境。

宿舍的卧谈会是同学们交流自己心理困惑的放松场所，四位同学提出了自己内心的困惑，让我们随着录音"身临其境"，成为室友，给出建议。

女生录音1：不知道从什么时候开始，我总觉得班上的男生A越看越帅，脑子里不时会出现A的笑容，眼睛忍不住会在人群中搜索他，最让我害羞的是晚上做梦竟然梦到了跟A在一起有了很亲密的行为，并且我还感觉到很开心，我是不是太下流了啊？

男生录音2：早上醒来摸一下裤子，又湿了，经常会出现这样遗精的情况，更加让我讨厌的是，我总是容易走神去幻想电影里面那些亲密的镜头，还有被老师们评价为不健康的书籍里的一些性细节的描述，我感觉难以控制自己的性冲动，甚至忍不住向心中的她提出了性要求，被她拒绝后我很痛苦很难受，于是出现手淫现象，我不知道这会不会伤害身体，我也不知道自己是不是变态。

女生录音3：每次看到电视里搂搂抱抱的场面我就觉得很恶心，这种东西怎么能公开放给观众看？还有，每当宿舍同学谈论某某男生多帅气的时候，我就觉得她们怎么那么幼稚，那么花痴，我讨厌跟男生讲话，讨厌看到他们自以为是的样子。

男生录音4：跟女同学聊天时会忍不住"撩"一下她，说几个"黄段子"，看着女同学脸红或者恼羞成怒地跑开，我会觉得很有意思。

学生畅所欲言，为录音中有困惑的同学排忧解难。

师：健康的性心理包括健康的性需求与性动机、健康的性意识、健康的性情感、健康的性观念。爱慕他人，或者成年人进行双方认可的一些亲密身体接触行为，是表达爱和亲密的需要，这是人性的自由。青春期出现性意识和性冲动，这是必然的，只是一切都要保护好自己和对方，如果自己或对方反感和拒绝，应该避免继续；自慰现象也是身体发育时的一种自我探索和满足，要注意清洁卫生和隐私保护，适度自慰不需要自责或者担忧，但如果次数多或沉迷于此，就要干预了，可以用运动（转移注意力）、减少独处时间（不提供场所和机会）等方式自行调整，如果还有困难，可以大胆求助心理老师，心理老师会为你保密。

设计意图 把课堂回归学生的生活场景，让他们通过所习得的知识去解决问题。通过活动参与和讨论，学生能够进行自己思想上的感悟和升华。

（四）勤耕花芳彩——行动

师：同学们都能够比较客观地分析性心理了，当前的性心理会对我们将来的婚姻产生影响，下面这个互动小游戏"你未来的她/他"将会让你体会到现在该做些什么。

学生参与游戏，将自己对未来丈夫或妻子的希望写在便利贴上，两分钟后由组长收齐并贴在幸福树上。一位男生和一位女生上来各读一张便利贴上的内容。

师：同学们请思考，你对自己未来的另一半有希望有要求，那么现在你该怎么做呢？

生：对自己也要有严格的要求。

设计意图 通过描述对未来的希望，让学生看到自己目前该承担的责任，该做的事情，这样学生更容易接受，并主动做出改变。

三、总结升华：以哲理升华主题

师：人的性不仅仅是繁殖的需要，更有其重要的内涵，它是夫妻传递爱意增加感情的方式，它是成年人的正常需求。过早的性行为会让青春期的男生和女生饱尝不成熟果实的苦涩，但是成熟后的果实却有它的甘甜，请静静等待。

印度哲学大师奥修这样描述性："性是人类最充满生命力的能量，但是它不应该止于它本身。性应该把人引导至他的灵魂，从中发掘出人的灵性之光。"在他的描述中我们看到性的美好，因为它充满生命力，同时性不仅仅是满足欲望的方式，它有着更深层的社会意义。同学们，通过今天的交流后知道该怎么做吗？

生：引导自己形成健康的性心理，注意在青春期阶段避免过早的性行为，等到果实的成熟时再去品尝它的甘甜。

设计意图　用哲学家简洁而深刻的话语来总结本次课堂交流，达到思想上的升华，给学生留下深刻的印象。

【课后延伸与拓展】

设立"我有悄悄话想跟你说"班级公共邮箱，同学们可以登录邮箱，把自己内心的困惑写出来，老师或者其他同学可以就这个问题进行讨论和回复。

【总结与反思】

针对高中生的特点，本节班会设计始终抓住青春期性心理方面。班会主题是根据对学生的调查结果选定的，以解决学生最困惑的问题为目的。调查发现，学生的问题和困惑不仅仅是课堂上所讲到的性心理，还包括性生理，甚至是性犯罪、性防卫这些内容，需要教师正面引导学生去理性认识。一节班会课未能解决所有问题，剩下的问题还需在后续班会课上进一步展开。

广东省佛山南海区狮山石门高级中学　屈迪扬
本课在广东省佛山市南海区高中、中职学校青春期健康教育优质课竞赛中荣获特等奖（第一名）

10. 我考故我思，我思故成长

——考后合理归因，整装再次前行

【班会背景】

每次考试结束后，都是有人欢喜有人愁。成绩优秀的同学满心欢喜，而成绩不理想的同学不免沮丧。有学生习惯性地把考试成绩归因到努力程度上，虽然可能给后期的学习带来动力，同样也造成了更大的压力，导致学习过程中不能保持平和的心态；有学生把成绩不理想归因为运气不佳、教师授课方式不适合、题目太难等外部因素，一味怨天尤人，不利于学生正确认识自己的不足，不利于学生发展；也有学生习惯消极归因，把自己在学习上遇到的挫折全部归因于个人能力因素，导致自责、自卑、无助等情绪产生，容易产生挫败感，缺乏学习动力。

高中生的认识能力还处于不断发展和提高阶段，其自我意识还没有完全形成，可能对自己的学习行为存在归因偏差。归因方式是关系到个人接下来的行动力和情绪状态的非常关键的因素，不同的归因方式将导致不同的行为。合理的归因方式能够起到激励的作用，促进学生下一步切实努力地学习。

【班会目标】

1. 知识与认知目标：帮助学生了解归因理论，了解自己的归因方式，认识到归因方式对行为结果的影响。

2. 方法与能力目标：鼓励学生依据归因理论，从主观努力程度和客观条件两个方面去看待和分析成绩，对自己的成败结果作出正确的归因，改善学习方法，提高学习效率。

3. 情感与态度目标：引导学生应用归因理论，激发自身学习动机，矫正不良的情绪、行为反应，对今后的学习和态度进行深入思考，增强自尊心和自信心。

【课前准备】

1. 请学生思考此次考试结果的原因，记录在自己的考后反思笔记本上。

2. 请教心理学老师，查阅关于"归因"的相关书籍和文章，改编用于学生自查的问卷题目，并精选适合每种归因方式的学习策略。

3. 选出游戏主持人，准备主题班会PPT、小组卡片、思维导图卡纸，收集相关的视频、图片等。

【班会过程】

一、游戏导入：什么是归因

1. 游戏："演技不NG"。

游戏规则：开演一次过，中间不出错。截取《甄嬛传》等热播影视剧的VCR片段，小组成员用抽签的方式来得到自己的角色。表演时，台词、动作都要和播放视频中的片段一样，如果笑场或台词、表演出错了，要从第一个人重新开始，但时间不归零，每组时间60秒。

游戏过程中，有些小组配合默契，一次通过，有些小组频繁卡壳，未能按时完成表演。

2. 小组采访。

在游戏结束后，请各小组复盘游戏挑战成功或失败的原因。邀请小组进行分享，首先采访本组成员。

师：在刚才的游戏中，你觉得你们小组挑战成功或失败的原因是什么？

小组成员 A：我们小组的同学记忆力很好，台词和动作都能记住。

小组成员 B：我们很团结，看 VCR 前就有人提醒大家用关键词记忆法记台词，每个人都很认真地在记台词和动作，所以能一次就完成表演。

邀请其他组的同学发表自己的观点。

师：你觉得他们小组挑战成功或失败的原因是什么？

其他小组的成员 C：他们组抽的角色都很适合个人，我们组抽到的就不太适合，记忆力不好的同学抽到的台词是最多的，当然要 NG 了！

其他小组的成员 D：刚刚在看 VCR 的时候，我们光顾着看情节了，被逗得哈哈大笑，忽略了台词和动作的细节。

师：如果再有机会玩这个游戏，你们打算如何调整？

其他小组的成员 E：再玩这个游戏的话，我们小组会更加认真，表演的时候不笑场。

（有同学点头，表示赞同）

师：说的不错，大家刚刚从各个角度进行了分析，通过分析找到了要调整的方向。我们在生活和学习中也经常有成功或失败的体验，我们也要学会找到正确的原因，明确方向，进行调整，达到目标。每个人都会为自己的行为结果找原因，这就是归因。不同人有着不同的归因方式，你了解自己的归因方式吗？

设计意图 通过有趣的游戏创设轻松的氛围，调动学生的参与积极性。通过让学生思考游戏挑战成功或失败的不同原因，导入本节班会课主题——归因。

二、自我测试：归因方式大不同

老师分享自己的高考成绩单，和同学们分享自己的高考故事和备考经历。关键词为考试期间天气骤变、感冒生病、被派到外校考点参加考试、考前心态焦虑、复习阶段效率较低等。请同学们帮忙归因，在其中选出自己认为最重要的五个原因。

（1）考场环境我不喜欢。

（2）复习时没有同学帮我答疑解惑。

（3）考试难度太大，不适合我。

（4）考试前几天学习氛围不好，不利于我学习。

（5）父母不关心我的学习。

（6）复习的没考，考的没复习，运气不好。

（7）老师的教学方法不适合我。

（8）天气冷热交替，让我身体不舒服。

（9）被派到外校高考，不适应环境，不利于我发挥。

（10）考的知识点太细，和我做过的习题不一样。

（11）复习时间安排不当，没有阶段性学习方案。

（12）学习方法不对，没有发掘并利用各科的学习规律去复习。

（13）做了计划却没有坚持下去，缺乏恒心。

（14）作业总是写不完，学习效率不高。

（15）心态不好，总是被情绪干扰。

（16）学习和复习都缺乏动力。

（17）身体不佳，无法集中注意力。

（18）学习能力不够，不懂得如何完成弱科的复习升级。

（19）太懒了，不愿意挑战自己，对难题有畏难情绪。

（20）基础不扎实，没有全面复习。

如果选出的原因在（1）~（10）中更多，说明你可能是一个外控型的人，你可能习惯认为自己的成功或失败取决于外部条件及环境，自己起不了多大作用。如果选出的原因在（11）~（20）中更多，说明你可能是一个内控型的人，你认为自己的成功或失败与自己有关，自己的命运由自己把握。

师：两种不同归因方式，也决定了不同的心态和发展。有些人因为找到合理的原因而明确了努力方向，从失败走向成功，有些人则总是为失败找借口，一蹶不振。我们选择的归因方式直接影响着我们的行为结果。那么如何合理归因呢？要注意什么呢？

设计意图 通过教师自己的亲身经历，用问卷的方式使学生初步了解自己的归因方式，为进一步学习合理归因做铺垫。

三、我考故我思：学习合理归因

1.以小组为单位，将刚刚列出的 1~20 个原因分为：能力、努力、考试难度、运气、身心状况、外界环境。

2.判断这类原因属于内因还是外因，讨论好后在表格中做出标记。

3.判断这类原因是否稳定、是否可控，讨论好后在表格中做标记。

类别	原因（写序号）	因素来源（内因/外因）	是否稳定	是否可控
能力				
努力				
考试难度				
运气				
身心状况				
外界环境				

经过小组讨论，同学们得出了结论：

（1）能力是内因，稳定而不可控。

（2）努力是内因，不稳定但可控。

（3）考试难度是外因，稳定而不可控。

（4）运气是外因，不稳定且不可控。

（5）身心状况是内因，不稳定且不可控。

（6）外界环境是外因，不稳定且不可控。

师：根据我们讨论出的结论，大家能得到什么启示呢？

生：拿到考试成绩之后，不要光顾着高兴或难过，要深入思考背后的原因，不要一味地责怪自己的能力，也不要一味地怨天尤人，努力才是硬道理。

师：说得好，进行归因的时候，不能一味盯着外部因素，也不要一味责怪内部因素。我们常常会把成功归于自己的原因，把失败归于外界环境的原因，其实个人原因如情绪、态度、能力、努力等，或是外在原因如环境、运气、任务难易等都是影响结果的因素。

设计意图 用列表的方式进一步分析合理的归因方式，让学生在自主探究中学习和了解归因理论，为学习积极归因的思维方式做铺垫。

四、我思故成长：培养积极归因

师：同学们，昨天老师看了大家的考后反思，很多同学把没有考好的原因归结于自己能力不够，丧失了再次挑战的信心，也有同学认为考试太难、每一次大考自己的运气都不好，没有了复习备考的动力，其实这都是简单化归因，过于片面，不利于我们正确认识自己的不足。今天学习了归因之后，让我们来尝试重新分析一下。

让学生根据自己的考后反思，重新分析原因并思考以下问题：

（1）你的归因方式有哪些？

（2）你目前的归因方式可以如何改进，使归因更加积极？

（3）在小组中分享积极归因的方式，并记录在卡片上。

（分享部分学生卡片）

师：同学们完成得很棒。其实考试失利并不可怕，关键在于我们要对失利有一个正确的归因。我们应将失利归结为内部、可控的因素，这样就能提高自身的学习动机和兴趣，从而发现问题与不足，有效地提高学习成绩。内部、可控的因素是努力，也就是说，将成功或失败归因于自己努力的人，更有可能激励自己，会更加努力，那么下一次获得成功的概率就会提升。

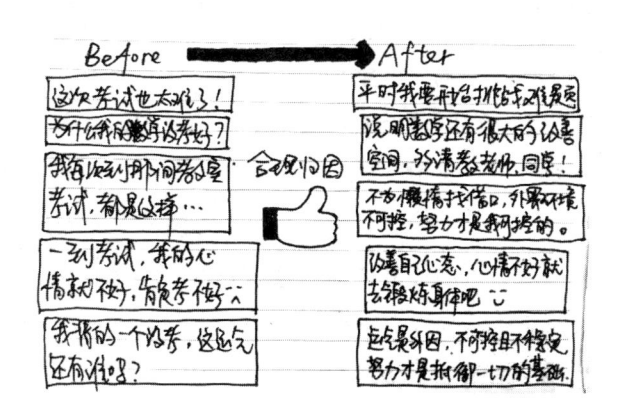

设计意图 促使学生审视自己的归因方式，通过小组分享进一步加深理解，了解别人的归因方式，取长补短。同时，引导学生注意"努力"这一可控的因素，为合理规划、提高学习效率做好铺垫。

五、我思故我用：科学规划学习策略

师：在我们学过归因之后，接下来可以如何安排合理的措施来改善学习？

请学生用思维导图的方式在卡片上制定接下来的学习策略。

在屏幕上展示针对不同归因类型的学习建议：

归因类型	建议的学习策略
努力	1. 从各角度发现进步所在，给予自我认同，提高自我效能感。 2. 保持努力的习惯，增强学习动机。 3. 尝试挑战更高难度的任务，期望下一次获得更大的成功。 4. 思考不足，认识到自身能力的欠缺。
运气	1. 改变认知，克服侥幸心理，认识到成功会眷顾那些坚持不懈努力的人。 2. 扎扎实实地学习，掌握科学系统的学习方法。 3. 了解名人名家努力工作和刻苦学习的事迹以及取得的成就（音像、演讲、报告会等形式）。
难度	1. 遵循小步子原则，由简单到复杂，逐步提高。 2. 设立难度合适的学习目标，体验努力后获得成功的喜悦，不因难度大而放弃学习。
学习能力	1. 设立适合自己的学习目标。 2. 以成长作为度量衡，而不是以成绩。 3. 确立正确的学习方法和学习习惯，制订可行的复习计划。 4. 加大努力程度，增强自我期望。

班会课最后，教师在屏幕上展示送给学生的一句话：

人们把我的成功，归因于我的天才；其实我的天才只是刻苦罢了。

——爱因斯坦

师：同学们，努力可以提升能力，适应难度，不怕运气。在挑战面前能改变的只有努力，要改变的也只有努力。

【反思与总结】

1. 无论是在生活中，还是学习中，我们总是会去归因。在学习的道路上，学生很多时候注重结果，而忽略了原因和过程，具体而言就是：学生们在学习上、考试中虽然想进步，但是却没有针对自己的实际情况做出合理的分析，而是盲目地制定目标，导致最终的结果令人不满意，恶性循环。基于此，我选择了"归因教育"这一主题，符合学生们的现状、年龄、心理特点，有很强的针对性和实效性。

2. 游戏导入环节在实际操作过程中，由于任务是在短时间内同时记住台词和动作，对学生要求较高，所以选取的视频片段要简短、好模仿。同时，可以让学生提前分好组，在游戏过程中学生对表演很感兴趣，想要重新玩此游戏，教师需要控制游戏时间。

3. 在制定学习策略的环节，如果时间允许的话，可以让同学们现场展示。同学们可以写出反思后的关键词，来表达在本节课结束后自己的决心与信念。

广东省佛山市南海区石门中学　向阳

高二篇

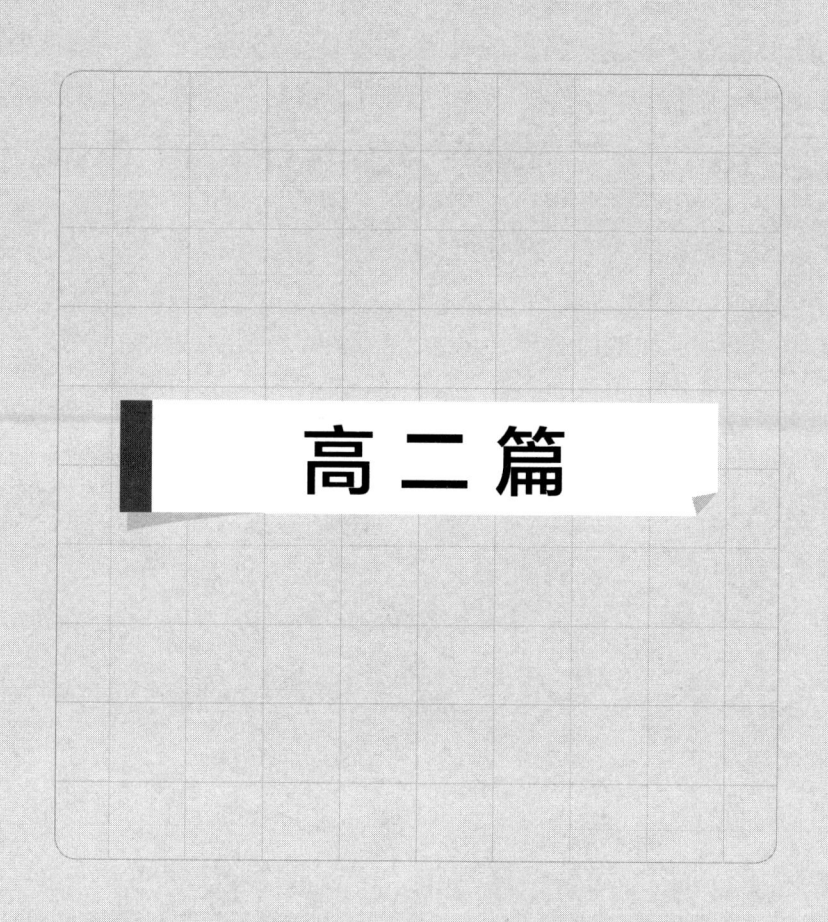

第二篇

11. 绘制你的成长名片

——认识自我，悦纳自我

【班会背景】

根据埃里克森的心理发展观，个体在青少年时期面临的主要问题和困惑是自我同一性，同一性混乱表现在自我认识不全面，不客观，由此导致了自我认识偏差、自卑等问题。[①]

高二选科分班后，学生到了一个新的班集体，要引导学生客观认识自己，学会悦纳自己、欣赏他人，促进学生的人际交往，更好地适应新的学习生活，融入到新的班集体中。本节课利用乔哈里窗模型引导学生通过优点乔哈里窗去绘制自己的成长名片，通过超级智囊团的活动为学生构建朋辈支持系统并学习如何去看待自己的短处和不足。

【班会目标】

1. 知识与认知目标：了解什么是乔哈里窗以及各个区域所占的比例不同对自我认识的影响；通过绘制"我的成长名片"认识自己的优点，反观自己的短处和不足。

2. 方法与能力目标：通过超级智囊团活动引导学生正确看待自己的短处和不足，并能提出恰当的建议；利用乔哈里窗模型绘制自己的成长名片，促

---

① 阳志平，彭华军，等.积极心理学团体活动课操作指南（第2版）[M].机械工业出版社，2016：21.

进对自我的悦纳。

3.情感与态度目标：通过活动体验学会正确认识自己，悦纳自己，欣赏他人，促进学生的人际交往，实现高一到高二的愉悦过渡。

【班会准备】

1.各种不同颜色的水粉颜料、调色盘和两张大白纸，提前在大白纸上画上树干和树枝。

2.每个学生一张白纸，每个小组一套彩色笔以及一个抽奖箱。

【班会过程】

一、集体绘画：构建独一无二的班集体手印树

活动要求：选择自己喜欢的颜色，在已经画好树干和树枝的大白纸上印上自己的手印，构建出一幅班集体手印树。（播放音乐：《骄傲的少年》）

师：在这棵手印树中，我们看到同学们选的颜色不一样，手印的位置也是不一样的。事实上，我们每个人都是独一无二的个体，有独特的兴趣爱好，有独特的优点等。有些可能是你自己知道别人也知道的，有些是你自己知道别人不知道，也有些是你自己不知道但别人知道，还有些是你自己不知道别人也不知道的。在心理学中，有一个乔哈里窗模型理论，它把自我分成了以上四个部分，能有效地帮助我们更好地了解自己。

设计意图 通过游戏热身，调动了全班同学的积极参与。通过五彩的手印展示，让同学们感受到每个人都是独一无二的，为接下来认识自己、了解自己、悦纳自己、欣赏他人的活动奠定积极的情感基调。

二、认识乔哈里窗模型

师：20世纪50年代，美国心理学者约瑟夫·勒夫特（Joseph Luft）和哈里·英格拉姆（Harry Ingram）在研究组织动力学时，提出了乔哈里窗模型，来帮助人们更好地了解自己与自己、自己与他人的关系。这个模型把自我分

成了四部分：公开区、盲目区、隐藏区和未知区。自己知道并且他人知道的部分，称为公开区；自己不知道但他人知道的部分，称为盲目区；自己知道但他人不知道的部分，称为隐藏区；自己不知道并且他人也不知道的部分，称为未知区。

乔哈里窗模型

公开区（自己知道，他人知道）	隐藏区（自己知道，别人不知）
盲目区（自己不知，他人知道）	未知区（自己不知，他人不知）

下面，我们借助乔哈里窗模型，开启探索自我之旅。

三、发现优点之旅：我有哪些优点

1. 自我发现。

每个同学回顾自己的成长过程，根据自己在每个区域的优点所占比例大小，画出自己的优点乔哈里窗，在公开区和隐藏区填写自己的优点，绘制自己的成长名片。

我的成长名片——优点乔哈里窗

公开区	隐藏区
盲目区	未知区

2. 组内互助。

在乔哈里窗模型里，公开区是你知我知的区域，盲目区是你不知我知的区域，所以可以通过小组互助的方式，让小组同学在公开区和盲目区帮自己填写自己还拥有哪些优点，进一步完善自己的优点乔哈里窗。

3. 优点亮起来。

通过以上两个环节，大家基本上都能在公开区、隐藏区和盲目区内比较完整地写出自己的优点，对自己的优点有了较全面的认识。在这个环节，鼓励同学们在全班面前去分享自己的优点，特别是隐藏区和盲目区内的优点，一起拓宽自己的优点公开区。同时引导学生将自己的优点乔哈里窗进行修改，已经分享的隐藏区和盲目区内的优点变成了公开区的优点，这个时候优点公开区所占的比例要进一步扩大。

设计意图 通过自我发现和组内互助的方式，引导学生关注公开区、隐藏区、盲目区（未知区作为最后一个部分，引导学生去展望自己的未来，如何成为更好的自己）所存在的优点，通过班级分享，让学生的优点亮起来，增强自身的内在力量。

四、超级智囊团：如何看待你的短处和不足

1. 播放视频。

中央电视台主持人康辉的一段演讲，"认识自己，接受自己，不断地学习成长，活成自己喜欢的样子"。

师：康辉在演讲中说到，"当别人都说你不可以、你不行、你做不到的时候，你反而要多反观一下自己的长处在哪里；当别人都说你好优秀、你什么都可以做到、你很行的时候，你反而要反观一下我还有哪些短处和不足的地方。只有这样，你才能真正认识那个真正的自己到底是一个什么样子"。在刚才的活动中，我们每个人都找到了很多的优点，当然，每个人也存在着短处和不足，就像康辉老师说的，我们要学会去反观自己的短处和不足，才能更全面地认识自己。

2. 反观自己的短处和不足。

每个同学认真地反观自己的短处和不足，并以不记名的方式写在卡片上，并将卡片投到投票箱里。

3. 超级智囊团。

每个小组从投票箱里抽出与小组人数相同的卡片，通过头脑风暴的方法，从成长型思维的视角去分析卡片中所呈现的短处和不足，并提出积极的建议。

师：每个同学都提出了自己的短处和不足，通过刚才所收集的卡片，我

们可以看到其实有一些你所认为的短处和不足，是其他同学们也存在的，比如考试粗心，上课容易走神等，小组的超级智囊团也给我们带来了很多很好的建议，比如刚才有小组针对上课容易走神这个问题，提出了解决办法，"课前一定要做好预习，对老师上课要讲的内容做到心中有数，这样课堂上你对自己预习过程中不懂的内容就会集中注意力听课，上课效率就大大提升了"。当然，有些短处和不足是目前无法改变的，比如刚才有同学提出了"身高不高"的问题，小组给出的建议是，"加强锻炼，然后接纳它"。

【设计意图】 要全面地认识自己，除了要关注自己的优势，还应该反观自己的短处和不足。通过超级智囊团的活动，朋辈所提出的意见和建议更容易得到采纳。另外，并非所有的短处和不足都是能改变的，对于目前不能改变的短处和不足，则引导学生去接纳它。

五、未来展望：努力成就更好的自己

师：通过刚才的活动，我们既找到了自己的优点，也反观了自己的短处和不足，更清晰更全面地认识了自己。在我们刚才绘制的成长名片中，部分的隐藏区和盲目区变成了公开区，我们的公开区都得到了一定程度的扩大。根据乔哈里窗模型的特点，公开区的扩大有利于我们更好地了解彼此，也有利于我们接下来在一起更好地学习生活。

在我们的成长名片里，还有你不知我不知的未知区等待我们去探索，大家通过这节课的学习，想一想，我们要如何成为更好的自己，请把自己的想法写在成长名片中的未知区里。

【设计意图】 通过优点乔哈里窗的方式绘制自己的成长名片，引导学生在已有的优点的基础上展望未来，思考探索未知区的方法，去成就更好的自己。

六、班会小结

在这一节课中，通过自己和别人的帮助，我们发现了自己的很多优点；同时，也反观了自己的短处和不足，对于能改变的短处和不足，超级智囊团给出了意见和建议，对于不能改变的，我们要学会去接受它的存在，悦纳它的存在。

希望在成长的路上，我们不断去丰富自己的成长名片，有效地扩大自己的公开区，缩小盲目区和隐藏区，不断去探索未知区，成就更好的自己，拥有更好的人际关系！

【课后延伸与拓展】

将自己最喜欢的 5 个优点或者自己希望未来能拥有的 5 个优点写到自己独一无二的手印的五个手指印上，构建班级的闪亮优点树，让每个同学的优点如同星星般在班上继续闪闪发光，更好地促进学生的自我悦纳，同时也促进学生之间的相互欣赏。

【反思与总结】

1. 本节课利用"乔哈里窗"模型开展班级讨论和交流，引导学生深入了解自己，了解同伴，有利于增强班级的凝聚力。

2. 在"自我发现"中，要鼓励每个同学都能尽可能充分地展示自己，尽可能多地拓宽公开区，为同学们在新的班级中跟同学更好地沟通奠定基础。

3. 在"超级智囊团"的环节中，采用了不记名的方式写出自己的短处和不足，免除了大家的尴尬和顾虑，同时又让同学们都认识到每个人都有不同的短处和不足，改变能改变的，接纳不能改变的。

广州彭加木纪念中学　何少娜

12. 爸爸，你好

——认识父亲，感恩成长

【班会背景】

　　6月的第三个星期日是父亲节，父爱如山，母爱如水，我们从小习惯于母亲如水的温柔和陪伴，却容易忽略身边如山般巍峨、威严的父爱。父亲虽不似母亲时刻在我们身边关怀呵护，但总是在我们最需要的时候，成为我们坚强的后盾和有力的臂弯！在父亲节到来之际，让我们敞开心扉，向父亲表达最真挚的谢意！

　　在高中阶段，学生独立意识和自主意识进一步发展，开始有意识地违背父母的意愿以彰显个性，而另一方面父母却忽略了孩子的成长，继续延续小初阶段的教育理念，导致亲子关系恶化，家庭矛盾激化。父亲节感恩主题班会，旨在让父子双方站在对方的角度思考，营造家庭和谐气氛，有利于孩子健康心理发展。

　　"重要他人"是心理学和社会学范畴内的重要概念，指个体在社会化以及心理人格形成的过程中具有重要影响的具体人物。父母是孩子一生成长中的重要他人，然而在孩子成长过程的不同阶段，父母影响的重要程度是不一样的。随着孩子的长大，所需要的母性之爱呈现递减趋势，而父性之爱呈现递增趋势。孩子逐渐远离家庭走向社会群体的过程，需要逐渐摆脱依赖性，建立更多独立性，尤其是男生，更需要受到来自父亲的影响以树立担当、责任感等品格，否则容易形成所谓的"妈宝男"。

【班会目标】

1. 知识与认知目标：帮助学生了解父亲节相关知识和青少年发展阶段的心理变化特征。

2. 方法与能力目标：让学生掌握表达内心的方式、协调亲子关系的方法。

3. 情感与态度目标：使学生学会感恩，感恩亲情，感恩父爱，珍惜身边一切美好的事物。

【课前准备】

1. 提前收集学生上交的父亲的照片，父亲的工作照片和工作视频，制作"时光胶囊"图片打印。

2. 班会课前一天在班级平台上播放《摔跤吧！爸爸》《寻梦环游记》等亲子教育题材电影，让学生了解父爱的伟大，做好班会课的情感铺垫。

【班会过程】

开场：李卓达同学领唱《听我说谢谢你》，黄柯然、肖钰昕、周子文同学伴手势舞，给大家带来温馨的父亲节祝福。

一、他的温柔

师：母爱如水，父爱如山。母爱像水一样，时刻温柔地把你包围，给你滋养；父爱如山一样，在远方矗立，巍峨威严却又总在关键时刻为你遮风挡雨。世上对母亲的赞颂太多，对父亲关注太少，正如父爱本身一样，沉默不语却又关注万千。对我们来说，父亲的形象总是威严高大的，给我们无尽的力量。生活中的父亲也有他铁汉柔情的一面。回忆父亲最温柔的场景，记忆中父亲是怎样表达他的温柔的？

屏幕展示收集到的父亲们在日常生活中展现出来的温柔：有父亲给孩子打伞的，有父亲给孩子笨手笨脚扎头发的，有父亲带孩子看烟花的……

请同学们详细描述父亲对自己最温柔的一面。

周子俊同学说:"这个是我放学了,爸爸去接我时候的照片。当时雨下得很大,爸爸的车停得远,我们两个人打着一把伞。爸爸把伞几乎都给我撑着,自己却被淋湿了。妈妈当时拍下了这一幕。上车后,爸爸淋湿了还要开车,对着空调吹。后来妈妈给我看照片,我才知道爸爸当时淋湿了。很多时候爸爸的温柔都是无声的,可能很难察觉,但爸爸一直都很爱我。"

刘琬婷同学说:"这个照片是我小时候,爸爸把我抱起来转圈的场景。妈妈说,那时候爸爸每天下班回到家,第一件事情就是把我抱起来转两圈,我就哈哈大笑。爸爸一整天的疲劳都在此刻消散了。"

通过各位同学的讲解,同学们都看到了一个个柔情的爸爸,感受到父亲对子女的细致的爱。

师:父亲是家庭的支柱,是家庭的定海神针。有父亲在,什么都不怕。父亲是高大的,父亲也是温柔的。

设计意图 通过手势舞及歌唱《听我说谢谢你》来引发对父亲的感恩,活跃班会课气氛,增加学生参与班会的兴趣。通过照片讲述,让学生了解父亲在生活中对孩子的点滴关怀,也为后面班会课的开展奠定了基础。

二、他的艰辛

师:在家温柔的父亲,在工作中又是怎样的呢?作为父亲的孩子,我们是否真正了解我们的父亲呢?下面,请你结合父亲的职业和工作场景,想象一下父亲在工作时会遇到什么样的烦恼。

老师提前把班级学生按照父亲职业分成几组,有教师、医生、公务员、警察、商人、工人等各组别,学生们分组来进行讨论,将自己平时了解到的父亲工作状况进行分享交流,最终由一位同学作为发言人来汇总发言。

"教师组"同学汇总:父亲职业的烦恼主要有上课时间长、教学压力大、周末加班时间多、学生考试成绩差等。

"医生组"同学汇总:父亲职业的烦恼主要有手术风险大、传染性疾病、医患关系矛盾等。

其他组别的同学也相继发言。

师：看来大家对父亲的工作烦恼都有所了解，百闻不如一见，下面就让各位父亲亲自来为我们讲述他们工作的烦恼是什么。

展示收集到的父亲们拍摄的工作视频，并配上一定的讲解。

父亲1（教师）：由于担任班主任，所以一大早就起床，6点半赶到学校看早读，看完早读就开始备课，然后又连续上两节课，连早餐都是在办公室里解决的。上完课后昨天考试的试卷还没有批改，课间处理学生琐碎的纪律问题和心理问题。晚上自修时一大堆学生在提问题，我一一解答。等到晚上查完宿舍回到家，家人早已进入了梦乡，这时已经是深夜11点了。

父亲2（交警）：这天接到市局命令，在重要路段设置检查拦截关口，天气炎热，身上的警服湿了干，干了湿。长年累月的户外工作更是让面容粗糙，皮肤晒得黝黑。除了身体的疲累外，道路交通值守更是时刻面临被违反交通规则的人员冲撞的生命危险。一到了下班放学时间，交警们就得奔赴各个交通枢纽疏导交通。为了防范醉酒驾驶，那天值班到了半夜12点。

老师依次展示收集到的父亲职业视频，各种职业的背后都有着各自的辛酸苦累，同学们了解到父亲更多不为己知的辛劳，为父爱的伟大而深深感动。

设计意图　通过同学们自己的想法与父亲实际工作的情况相对照，让同学们对父亲的工作有了更清晰的了解和认识，也更加明白父亲对家庭的责任感和伟大。

三、他的荣耀

师：每一位父亲的工作，都是艰辛而又伟大的。艰辛是因为付出，付出是为了整个家庭的幸福，所以艰辛也是无怨无悔的。展现辛苦是让大家学习父亲的责任与坚强。那么，父亲们在工作中的"苦"我们有所了解了，大家知不知道父亲工作中的"乐"又是什么呢？

学生按照刚才的分组进行讨论，将自己平时了解到的父亲的工作状况进行分享交流，最终由一位同学作为发言人来汇总发言。

大部分发言人从工作成就（如教师教出成绩优秀的学生、医生医治好病人等）、他人积极回馈（如学生或病人回来探望、他人的认同等）等方面了解父亲的荣耀。除此之外，还有哪些值得父亲们骄傲和自豪呢？

老师展示从父亲处收集到的工作"荣耀"，大部分与同学们的猜测差不多，有几位父亲提到了"家庭的幸福"，感动了大家。

如果说到我工作的荣耀，我第一想法应该是升职加薪了，但是如果说到我为了什么而努力工作的话，那一定是为了家庭的幸福。在外面再辛苦，只要回到家中看到妻子做的饭菜，孩子们开心的笑容，心里就觉得暖暖的，没有什么比家庭更能算得上我的荣耀了！

设计意图 通过将父亲工作中的"艰辛"与"荣耀"进行对比，让学生更加全面地了解父亲的工作，明白父爱背后隐藏的意义和伟大。

四、写给父亲的信

师：虽然父亲平时不会将辛劳挂在嘴边，也没有和我们说过太多动听的话语，但是父亲用他宽厚的臂弯、坚强的背影支撑了整个家。但父亲终会有老去的一天。你能想象父亲老去之后是怎么样的吗？下面让我们以未来的我们的身份，给老去的父亲写一封信。

之前收集过班级同学父亲的照片，通过"照片时光机"等人像变老软件模拟出父亲老去的模样，打印成彩色照片后分发给同学。同学们拿到父亲老去的彩照，开始写信。

老爸，您好！多年后的你，过得还好吗？身体是否健康？年迈的您，应该已经两鬓斑白；年迈的您，应该已经步履蹒跚！年迈的您……总之祝我亲爱的老爸：父亲节快乐！

这个时候，我也应该成为一名父亲了，我不知道自己在从事什么工作，但无论如何，我应该也像曾经的你一样，是妻子坚强的后盾，为了孩子的幸福每天努力地工作。我想，这也是一种简简单单的幸福吧。

现在的我应该是每天拖家带口回家蹭饭吧，老妈为我们一家的晚餐在厨房忙碌，老爸为心爱的孙子孙女准备了很多玩具。到时候，你是否以我为荣呢？我多想成为你啊！

设计意图 学生们从变老的父亲形象中感受到父亲终将老去，自己终会长大，也将会肩负起现在父母的角色，从而更能理解父亲肩负的责任和重担。

师（小结）：父亲们拍摄工作照片和视频，绝不是为了展示自己的辛苦，而是父亲在我们看不到的地方，默默承担起了家庭的重担和责任。家庭的幸福和谐，是需要每一位家庭成员共同努力的。那么，作为孩子，应该好好地爱爸妈，也为家庭承担自己的责任，做出自己的努力。

【课后延伸与拓展】

1. 我是小家长：同学们放假回家，尝试当一天的小家长，当天操持家里所有的家庭事务如买菜、做饭、洗碗、洗衣服、收拾房间等，体会父母的辛劳和责任。

2. 平时在班级平台和家长群播放或推荐一些亲子系列的电影、纪录片或专题讲座等，促进亲子共同成长，亲子关系改善。

3. 教师平时多与家长进行联系，多与学生聊天，了解家庭教育情况，适当给予建议。

设计意图 班会课上的情感体验需要结合实际生活操作，才能达成完整的德性内生。家长也需要不断学习，才能达到理想的家校协同共育效果。

【反思与总结】

1. 本次班会课，通过对父亲工作的体验，让学生代入父亲角色，理解父母的辛劳与奉献。

2. 本节班会课充分利用了共情、贯注等心理学原理，三大环节层层推进，调动学生参与的积极性，激发心理共情的体验，形成"贯注—反思—行动"的多重递进体验，是符合学生心理发展规律的主题班会课程。

3. 一节好的家校协同共育班会课也不可能完全解决所有家庭教育问题，需要老师在课后不断通过多种形式，加强家长与学校配合教育，巩固班会教育成果。

广东高州中学　周健

13. 让子弹飞一会儿

——提升媒介素养

【班会背景】

网络获取信息快捷、方便，能让大家及时了解时事，扩大知识面，但网络上也充斥着很多不实信息，让人们难辨真伪。中学生具有强烈的好奇心、责任感和同情心，但是在分辨能力和自控性上还存在着很大的不足，往往缺乏理性思考和判断，容易被一些不良媒体和团体利用，一不小心就可能破坏信息安全，或引发网络暴力，成为造谣者的帮凶，给他人、给社会、给国家造成不良的影响，甚至造成不可挽回的损失。

引导中学生树立信息安全意识，不断提高媒介素养，了解获取网络信息的正确路径，学会在浩如烟海的信息中保持冷静清醒的头脑，提高对网络信息进行辨别、分析、评价的能力，懂得正确使用和传递网络信息，最终成为网络信息的受益者和信息安全的维护者，这是一件非常有必要的事。

本节课基于教学目标，以任务为驱动，以游戏活动为线索，创设轻松和谐的课堂氛围，提升学生的课堂参与感，践行以学生为中心的人本主义教学理念。

【班会目标】

1. 知识与认知目标：了解媒介素养的概念和内涵，明确辨析信息真伪的重要性，对虚假信息有初步认识，增强接受信息、辨析真伪、传播信息的责任意识。

2. 方法与能力目标：懂得如何培养自己的媒介素养。学会分析虚假信息传播广泛的原因，学会理性辨别网络信息，学会正确地组织及传播信息。

3. 情感与态度目标：感悟良好的媒介素养的意义，意识到信息安全的重要性，体认媒介信息的价值和力量，判断其适当性、合法性和伦理性；能够认真负责地传递信息，形成一种对自己和他人负责的态度。

【课前准备】

1. 收集近期网络舆情案例资料（包括文字、图片、视频、音频等）。
2. 准备活动相关的物资。
3. 准备《媒介素养测试题》、制作PPT。

【班会过程】

一、索信息，要多元——认识"媒介素养"

师：互联网时代，尤其是短视频盛行的时代，同学们主要是靠什么来获取相关信息呢？

（学生纷纷回答）

师：是的。我们生活在一个互联网信息时代，足不出户可知天下。面对铺天盖地的媒介信息，我们怎么办？我们先一起来回顾一下一则新闻。

屏幕播放微视频《宁夏万亩树木被煤矿断水面临枯死，六旬林场主崩溃跪地》。

师：大家回顾一下，你以及你的家人和朋友当时看到这些信息后是怎样的反应。

（生自由回答）

（屏幕显示）

消息	反应
宁夏万亩树木被煤矿断水面临枯死，六旬林场主崩溃跪地	声音1：现代"愚公"，太伟大了！ 声音2：相关部门应该有所作为，不应亏待治沙英雄！ 声音3：在水源缺乏的荒漠种商业林是否合适，是否会破坏生态？

师：对待媒体信息，每个人的反应不同，体现的就是媒介素养的高低。所谓媒介素养就是人们面对不同媒体的各种信息所表现出的理解能力、判断能力、选择能力和发展自我的能力。那么媒介素养有何意义呢？请大家结合下列材料，思考虚假信息产生的背景以及可能造成的影响。

（屏幕显示）

播放视频：《起底乱港分子幕后黑手，"颜色革命"香港门徒倾巢而出》

师：由于个人的无知、经济利益的驱使、海内外反华势力意图遏制中国崛起等原因，网络平台上充斥着大量的虚假信息。面对各种媒体信息时，我们若不能做出正确的评估、判断和处理，盲目从众，就有可能犯下大错，可能会对自己的财产和生命安全造成威胁，可能引发舆情事件，影响社会的稳定，甚至可能损害国家形象，危害国家安全。所以，我们要辨清媒体信息的真伪，做出理智选择，不信谣、不传谣。

设计意图 视频让学生理解了虚假信息对于个人、社会和国家的危害。通过回顾分析不同群体和个人面对网络信息的不同反应，让学生理解媒介素养的概念和内涵。

二、辨信息，要三思：让子弹飞一会儿

师：面对互联网时代的海量信息，我们该如何处理呢？接下来，我们一起来玩游戏，找规律，寻方法。

1. 我是键盘侠——面对信息要冷静，让子弹飞一会儿。

（屏幕显示）活动规则：

（1）老师分4次呈现信息材料：事件标题→事件图片→事件视频剪辑→事件完整视频

（2）同学们根据老师依次提供的信息，写4则事件简评（类似发朋友圈）。

师：请同学们做好准备，老师现在开始公布信息。

（屏幕显示）事件标题：菜市场霸道包租婆欺负商贩

师：请同学们据此写评论，表达自己的看法和情感。

（学生写评论）

（屏幕显示）照片：菜市场包租婆扔商贩电子秤

师：请同学们据此写评论，表达自己的看法和情感。

（学生写评论）

播放视频：《菜市场的霸道包租婆》0:00—3:00

师：请同学们据此写评论，表达自己的看法和情感。

（学生写评论）

播放视频：《菜市场的霸道包租婆》完整版

师：请同学们据此写评论，表达自己的看法和情感。

（学生写评论）

师：对比自己四个阶段所写的评论，这对你们有什么启示。

（学生自由讨论、发言）

师：面对社会上的不公事件，年轻人一开始总会打抱不平。然而面对一次次的事件反转、面对各种谣言，他们困惑了。人之为人，而非一棵苇草，在于人有思想。所以面对信息，尤其是舆情事件，我们首先要冷静，不能着急下结论，不能将评论作为情感的宣泄，让子弹飞一会儿。保持关注，关切事件发展。

面对信息，我们要做到以下几点：

（1）保持冷静，警惕"立场先行"，避免意气用事。

（2）关注事态发展，尤其要关注官方及主流媒体。

（3）保持自我判断能力，取证论证，寻找真相。

基于此，我们又应如何从假里求真，从一系列反转中找到真相？

2. 我是小侦探——辨别信息要理性，建立批判性思维。

师：现在我们来做一个小测试，请同学们判断以下信息的真伪，并说明原因。

媒介素养测试题

请判断以下信息的真伪：真实可信（√）、虚假信息（×）、待验证（〇）（每小题1分，满分10分）。

（1）白头发扯一根长十根。（　）

（2）广州全市禁行电动车。（　）

（3）拍口腔牙片有辐射会致癌。（　）

（4）沙尘暴又来了，三北防护林不管用了。（　）

（5）无籽葡萄是用避孕药催出来的。（　）

（6）海丰县海边出现死鱼与核污水有关。（　）

（7）人民日报：2023年中国经济半年报：增长5.5%。（　）

（8）受台风"泰利"影响，广州多地宣布停工停课。（　）

（9）公安执行任务撞上路人3人。（　）

（10）受日本核污水影响，盐价大涨。（　）

（生自主完成，师公布测试参考答案）

师：同学们对比这几则虚假信息，总结一下这些信息都有怎样的特征。

（生小组讨论，自由发言）

师：虚假信息的特征包括——

（1）信息源模糊：如无具体信息源、使用模糊信息源、捏造虚假信息源、提供无效信息源等。

（2）语言形式：极端化的夸张句式、荒唐的逻辑与混乱的语法、直接浅白的警示语等。

（3）情感特征：情感存在强烈的两极分化现象，"满分评论"和"最低分评论"占主导。

结合虚假信息的特征，以小组为单位，总结甄别虚假信息的小技巧。

（生分小组讨论，派代表回答）

师：甄别信息要保持理性，建立批判性思维，具体而言需要做到以下几点——

（1）追溯信息源：弄清新闻来源，查询作者信息，核实发布日期。

（2）对比信息：读"全"信息（避免断章取义），善用辟谣工具，反向验证。

（3）分析信息：梳理逻辑（找结论、找理由、找事实）。

（4）洞察动机：核实有无偏见，有无预谋性的舆论引导。

辨析信息的真伪，并不是一件简单的事情。在信息纷繁复杂又传播极快的环境中，辨析信息的真伪需要遵循一定的操作步骤和原则。从更深层次看，明辨信息的真伪，需要依赖具备独立性和公信力的机构，以及尊重事实的社会文化和开放的社会心态才能更好地实现。

3. 我是推销员——传播信息讲道德，遵守信息伦理。

师：学会辨析信息的真伪固然重要，有时候面对我们暂时无法判断真伪的信息又该怎么办呢？接着，我们再通过一个游戏，体会一下！

（屏幕显示）推销员的职责和"我是推销员"游戏规则。

推销员：是推销商品的职业人士。把商品推销出去，占领市场，获取利润是推销员的职责。

"我是推销员"游戏规则：

（1）3个人一组，每组派一名同学抽取一类商品以及该商品的文字介绍，然后回到自己的座位。

（2）以小组为单位，负责对本小组抽取的商品的文字介绍进行加工修改，然后以此为基础向周围的同学推销该商品。

（3）推销商品数量最多的小组获胜。

（生热情很高，积极参与游戏）

教师分别采访销售商品最多（少）的小组，并且展示他们修改后的商品文字介绍。

师：你们为什么销售了那么多（少）商品？这个游戏给了你们什么启示？

（各小组回答问题，教师引导）

师：为了把商品销售出去，很多小组对原来的商品介绍进行了修改，夸大其词，有的甚至脱离事实，与原商品严重不符。是什么原因造成的呢？

（各小组讨论，派代表回答）

师：大家都讲得很好。同样，网络信息的传播，也往往带有个人立场，同时伴随着资本逻辑和市场运作的助推，部分人在经济利益的驱使下扭曲和臆造信息，甚至还有境外敌对势力为了破坏我国社会稳定、颠覆我国政权而恶意制造和传播假信息，这将会造成严重的后果。对此，我们该如何应对呢？

（生自由发言）

师：面对暂时难以判断真伪的信息，我们要有使命感，讲道德，尊重信息伦理，具体而言要做到以下几点——

（1）注明来源：引用他人信息时，如实注明信息来源。

（2）谨慎分享：对没有把握的信息，不要随意转发。

（3）合理发声：关注社会问题，承担社会责任，共促社会进步。

学会辨析信息的真伪固然重要，与此同时，尊重信息伦理，减少网络不良信息的传播，做理性的公民，理性地发声，更是我们每个人的责任。

（屏幕显示）辨别信息的步骤

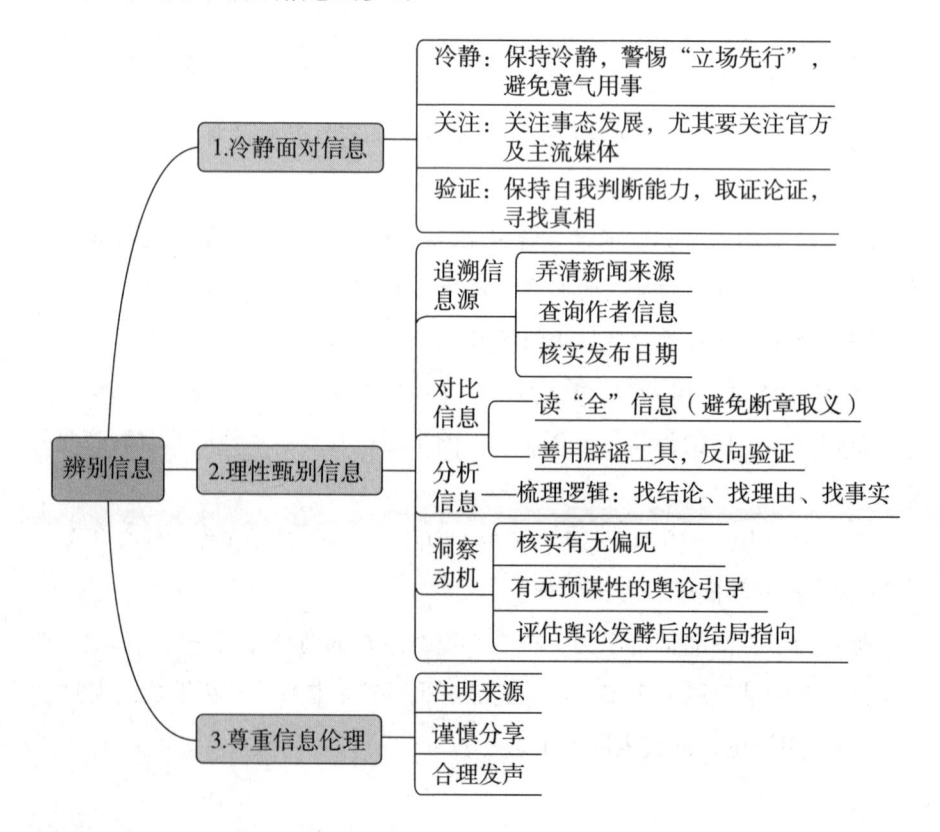

辨别信息

1. 冷静面对信息
   - 冷静：保持冷静，警惕"立场先行"，避免意气用事
   - 关注：关注事态发展，尤其要关注官方及主流媒体
   - 验证：保持自我判断能力，取证论证，寻找真相

2. 理性甄别信息
   - 追溯信息源
     - 弄清新闻来源
     - 查询作者信息
     - 核实发布日期
   - 对比信息
     - 读"全"信息（避免断章取义）
     - 善用辟谣工具，反向验证
   - 分析信息
     - 梳理逻辑：找结论、找理由、找事实
   - 洞察动机
     - 核实有无偏见
     - 有无预谋性的舆论引导
     - 评估舆论发酵后的结局指向

3. 尊重信息伦理
   - 注明来源
   - 谨慎分享
   - 合理发声

设计意图　信息时代，我们每个人每天都面对着大量的媒体信息，中学生因为阅历有限，很可能无意间就成为虚假信息的制造者和传播者，所以不断提升学生媒介素养、提升学生甄别信息的意识和能力非常重要。本环节通过"我是键盘侠""我是小侦探""我是推销员"三个活动，从冷静面对信息、理性甄别信息、尊重信息伦理三个角度培养了学生辨别信息的能力。

三、用信息，务必真——做新时代发声者

师：媒介素养不仅仅是能"辨"和"明"，更高层次是会"用"。那我们该如何用好信息呢？下面观看一段视频，思考这则视频向我们传递了什么样的信息？你从中获得了什么启示？

播放央视的公益广告《礼物篇》视频。

学生看视频，思考，回答问题，教师点评引导。

（屏幕显示）：

愿中国青年都摆脱冷气，只是向上走，不必听自暴自弃者流的话。能做事的做事，能发声的发声，有一分热，发一分光，就令萤火一般，也可以在黑暗里发一点光，不必等候炬火。——鲁迅

师：在这个网络信息时代，我们可以通过微博、微信、抖音等网络媒体获取信息，我们也可以利用媒体汇聚众多力量，发展自我，改造社会。同学们，我们不能被虚假信息吓倒，我们不能总选择希望相信的信息去相信，正如鲁迅所说，我们都不发声，还有谁来发声？我们要敢于求真、学会求真，要利用好媒体传递自己的声音，自觉传播优秀传统文化，展示新时代青少年的新形象！

设计意图　通过"做新时代发声者"这一环节让同学们明白真实、真诚、真挚信息的积极意义，激励同学们勇当互联网信息时代的真信息、正能量的传递者。整体而言，这一环节的目的是让学生体认媒介信息的价值和力量，形成一种对自己和他人负责的态度，能够利用网络平台，展示自我风采，积极传播正能量，维护国家信息安全。

【反思与总结】

在互联网多媒体日益普及的今天，媒介素养教育有利于中学生对所接触的媒体信息进行有效的选择、理解和传递运用，有利于国家信息安全的维护。针对中学生好奇心强、责任感强、同情心强但自控力和理性思考能力有所欠缺的特点，本节班会课以近期网络舆情事件为案例，结合媒介素养的内涵，分别设计了信息获取、信息辨别、信息传播利用的相关活动，培养学生媒介素养，同时提高学生维护国家信息安全的意识。班会课活动深受学生喜爱，效果显著，但同时也存在活动较多，素材过多，课堂时间比较紧张等问题。

广东省佛山市南海区石门中学　蔡光辉

14. 我的地盘我做主

——清晰人际边界，合理表达自我

【班会背景】

高二学段正是学生自我意识容易发生混乱的时期，想要成熟、独立的想法，与未成熟的身体、心理之间的矛盾造成自我意识冲突，容易出现个人边界感不明确的状况。如果这个阶段不清晰自我意识，不明确个人边界，那么很容易造成人际交往的问题，比如过度去关注别人的情绪，忽略自我需求等。清晰人际边界是解决许多人际交往问题的前提。在高二学生的自我意识高度发展与感受力非常敏感的阶段，让他们明晰个人边界，懂得如何合理地表达自我，维护自我的人际边界是很有必要的。

【班会目标】

1. 知识与认知目标：学生能认识到清晰人际边界并合理表达自我的意义和重要性。

2. 方法与能力目标：学生能掌握合理表达自我的方法，提升表达自我的能力，在生活中保护自我的人际边界。

3. 情感与态度目标：学生能在保护人际边界时，增强表达自我的勇气，体验到自尊、自信、自主处理人际关系带来的愉悦感。

【课前准备】

1.准备《女心理师》电视剧的视频片段。

2.购买可爱的生活元素贴纸、白纸、彩铅和教育戏剧所需教具等。

【班会过程】

一、课程导入

（一）热身游戏：边界糖果捍卫战，导入课程主题

1.游戏规则：两个同学的桌子中间边界处放置一颗糖果，请同学们站起来，双手交叉放置胸前，在老师发出"开始"的口令时出手"捍卫"这颗边界糖果，成功者即可获得糖果。

2.教师小结并导入主题：刚刚我们进行的游戏叫"边界糖果捍卫战"，大家可以发现课桌中间有明显的边界。同样的，我们在人际交往的过程中也有个人的边界，而这个人际边界也是需要我们去捍卫和维护的。当我们一味地迎合他人而忽略人际边界，往往会让我们感到为难、委屈和低价值感。

3.引入边界的概念：边界指的是人与人之间保持着合适范围的社交活动空间。合理的边界是指彼此不冒犯对方私人领域并且双方有一定程度上的相互理解、支持与合作。

（二）展示边界小测试，引导同学们具体感知边界

你在人际交往时有发生以下情形吗？（多选）

☐ 好朋友总是让你等很久，有点不耐烦，但是你没有告诉 TA 你很着急要去做别的事情。

☐ 好朋友总是喜欢用你的物品，你觉得不舒服，但是你没有向 TA 表达使用前需先征得你的同意。

☐ 好朋友向你求助时，你刚好有自己的问题需要解决，却没有表明你无法兼顾。

□好朋友邀请你一起去玩，你已有其他安排却没有拒绝，犹豫着答应。

□好朋友的玩笑话让你感到不愉快，但是却默默忍受，不敢说明你会因此感到难受。

师：如果同学们曾有以上的感觉，请以"12 123"节奏跺脚，反之，请以同样节奏鼓掌。

师：老师听到不少同学都在跺脚表示自己曾遇到至少一种以上情况，这说明我们需要在人际关系中明确和维护更多的自我边界。因此这节课，老师想要和同学们一起探讨如何清晰人际边界，增强勇气，合理表达自我。

设计意图 课堂热身采用"边界糖果捍卫战"游戏，既能调动同学的课堂参与度，活跃课堂气氛，又能引入课堂关键词"边界"，进而导入主题。边界小测试可以引导同学们更具体地感知人际交往中的边界问题，加深对班会主题的理解。

二、记忆作画，感知边界

1. 观看《女心理师》电视剧的视频片段，引导学生思考：

为什么小莫遇到让自己为难的请求时仍然选择答应和承受呢？他在担忧什么呢？

学生讨论小莫可能会有的担忧和顾虑，教师小结，引入下一环节"记忆定格画"。

师：在人际交往中，面对超越"边界"、让自己为难的行为和要求没有表达自我的勇气，实际上是对自己心理能量的一种消耗。请同学们回顾一下自己的成长经历，对你来说，令你印象最深刻的一次超越"边界"、让自己为难的要求或行为却不敢表达自我真实想法的场景是怎样的？回想当时的场景，我们用"记忆定格画"的方式把这个场景画下来，并探索自己当时是什么感受，为什么不敢表达自我？

2. 记忆定格画。

学生在学案上通过画画、叙述的方式描述场景，教师问以下问题：

14. 我的地盘我做主 · 113

（1）当时场景是怎么样的？

（2）你当时是什么感受？为什么没有表达真实想法？

（3）你认为在当时的场景下回应或表达什么内容会让你心情转好？

生1：我害怕表达真实想法会影响到彼此的友谊，担心友谊破裂……

生2：我担心表达真实想法后别人会对自己有否定评价……

在学生反馈中，我们可以发现，在维护自我人际边界的过程中，不懂如何合理表达自我会给学生带来心理上的压力和负担，也令自己的人际关系更加脆弱。事实上，在人际交往中学会合理地自我表达，守护人际边界感，才能更有利于人际关系的长期发展。

设计意图 观看"小莫的烦恼"，进入"记忆定格画"，通过画画、叙述的方式描述场景，审视合理表达自我的心理难关，明确保护人际边界的意义。

部分学案展示：

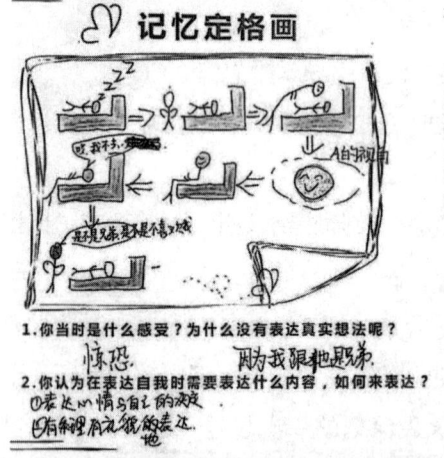

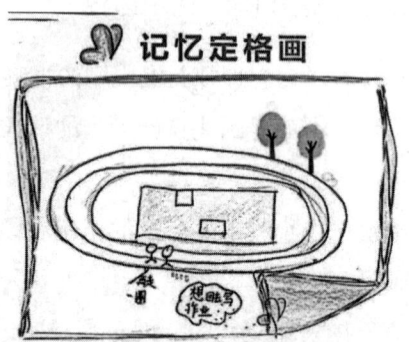

三、合理表达，明晰边界

1.总结学生回答，教师引出本课合理表达自我的关键策略——合理表达四段式，并讲授相关内容。

（1）事实。客观地描述事实，而不做任何评价。

（2）感受。体会自己此刻内心的感受，并说出自己的感受。

（3）需求。通过感受找到自己需求的根源，也就是沟通的目的。

（4）期待。找到问题的根源后，明确具体地提出请求，表明自己的期待。

举例说明：周末回家后，你想自己安静一会儿，于是关上了卧室门，但妈妈执意要求你把门打开，说家里没有秘密。在妈妈第三次打开你的卧室门之后，你有点烦躁，对妈妈说……

合理表达四段式可以帮助我们这样回应：妈妈，您在我关门的时候要求我把门打开，这让我感到不被尊重和烦躁，我希望自己独处，安静一会，能否先关上门让我休息一下？如果您想和我聊天，我们能否今晚一起散步聊一聊？

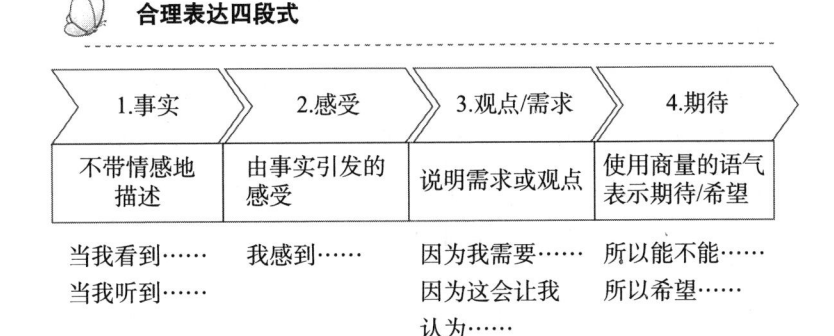

合理表达四段式

1.事实	2.感受	3.观点/需求	4.期待
不带情感地描述	由事实引发的感受	说明需求或观点	使用商量的语气表示期待/希望
当我看到…… 当我听到……	我感到……	因为我需要…… 因为这会让我认为……	所以能不能…… 所以希望……

2. 活动："合理表达卡"。

师：表达自我是我们每个人都拥有的权利，也是可以通过练习和总结而提升的能力。它是一个对事不对人的行为，在人际关系中，学会合理地表达自我才更有利于一段关系的长期发展。

提问：在维护自我边界时，如何运用四段式进行合理有效的表达呢？

请在"合理表达卡"上尝试用合理表达四段式来回应当时的情景，并思考跟过去的回应相比，四段式的回应能带给你什么积极影响？

学生学案展示如下：

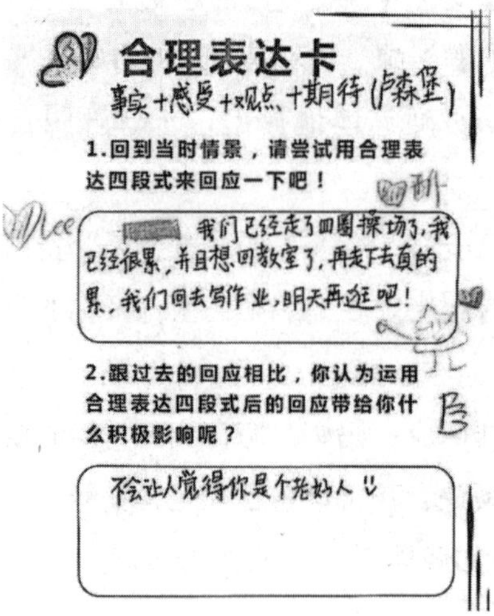

3. 活动："合理表达我有方"心剧场。

（1）请小组内的同学们两两组合进行小剧场表演：先进行两人角色分配，再把问题场景和合理表达自我的内容通过 1 分钟的表演呈现出来，体验角色人物情绪变化，最后以肢体动作定格在一个画面上，表示表演结束。

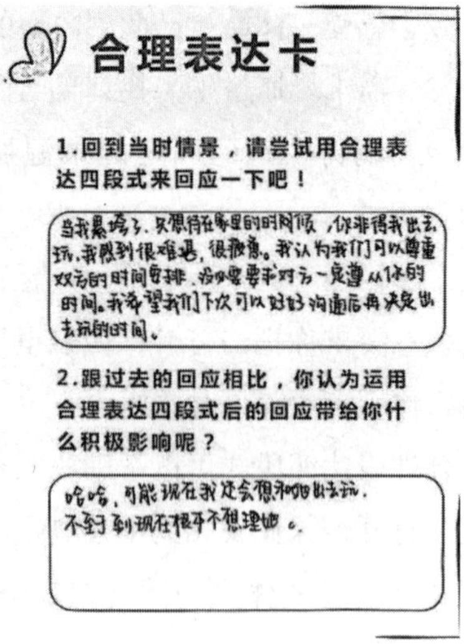

（2）教师随机邀请学生来解说角色、心情、表达的内容等。

（3）教师予以点拨，提炼学生讨论出来的合理表达内容并板书。

学生剧场展示如下：

设计意图 设计"合理表达卡"，让同学们思考合理表达自我的积极影响；再通过"心剧场"体验，让同学们在真实情境中掌握合理表达自我的"四段式"方法，收获表达后的积极体验，提升合理表达自我的能力。

四、回顾总结，课后延伸

1. 回顾本课内容，整理记录的"合理表达四段式"，建议同学们多做了解和尝试，在有需要时实践应用。

2. 心灵寄语：纪伯伦的诗句，"不管你们多么相依相伴，彼此之间都要留出间隙，让空中的风在间隙中舞动"。

3. 鼓励形成自己的"合理表达图式"。

【反思与总结】

这节班会的设计从学生需求出发，以老师在班级观察中捕捉到的学生困惑为起点，逐步发展，顺应了学生心理特点及发展需求。本课以"记忆定格画"帮助学生进一步审视表达自我的心理难关，感知人际边界；以"合理表达卡"引导学生在团体中分享和感悟合理表达自我的积极影响，增强表达自我的勇气；以"心剧场体验"，让学生借助肢体动作、对话加深情绪体验。活动在轻松愉悦的氛围下开展，又不失代入现实情境的思考。

由于课堂时间限制，本课内容比较紧凑，需要进一步引导学生思考、探索。另外，维护边界感仍有很多值得深入探讨的内容，如：如何觉察自己的越界行为或言语；越界后如何处理人际冲突等，可以在今后的班会课中安排。

广东省佛山市南海区石门中学　黄国琼

15. 善意信号满格

——学习人际交往策略，提升人际交往能力

【班会背景】

高中生情绪丰富多变，内向性与表现性共存，心理状态越趋复杂。除了少部分社交达人，多数同学很难完全敞开自己的心扉。他们渴望交流，但又害怕他人的眼光；他们守着自己的世界，但也企盼别人的欣赏。

绝大部分同学为人处世是充满善意的，但在实际学习生活中，本该单纯美好的同学交往中，经常充斥着误解、冲突、争吵，增加了情绪内耗，降低了学习效率，削弱了心理健康水平。

引导学生发出自己的善意信号，与人和睦共处，具有重大的现实意义，应该受到广大教育工作者的重视。

【班会目标】

1. 知识与认知目标：了解人际交往对自身发展的积极作用。

2. 方法与能力目标：掌握发出善意信号的基本方法与原则，获得得体回应他人善意信号的能力。

3. 情感与态度目标：获得愉悦的人际交往体验，在今后的生活中多多表达善意、善于接受善意，成为一个内心富足、善良、充满活力的人。

【班会准备】

1. 班级热评：班会前一周，让同学们匿名将以前人际交往中碰到的尴尬事写出来张贴到教室后墙上，同学们一周内可以在班级内部评论，票数最高的十个热评，按照票数高低张贴在 10-1 的每一环上。
2. 租借体育吸盘、弓箭等器材。
3. 善意信号路由器：手工做成路由器形状的善意信号发射器，用于装以前听过的温暖言语。
4. 七色可食用色素、音阶刻度水杯、《友谊天长地久》简谱。
5. 擅长乐器的同学提前用音阶水杯练习演奏《友谊天长地久》。

【班会过程】

一、活动引入：奏响善意的彩虹乐章

师：同学们，请看这一组彩虹水杯琴。日常生活中，大家是否留意过，除了说话，还能如何表达善意？现在有七个机会，每分享一种方法，我们就倒入一种颜色的水到刻度线。

生：微笑，热情挥手，分享小零食，邀人一块儿运动，等等，这些都可以向别人表达自己的善意。

（将有颜色的水分别倒入事先设置好刻度的杯中，呈现七彩颜色）

集满七种颜色后，便成了一组彩虹水杯琴。请有乐器基础的学生，弹奏乐曲《友谊天长地久》。

二、善意信号很重要

共读《傲慢与偏见》[①]中傲慢滋生误会的章节。

师：在当时的社交场合里，每一首曲子都会由男士邀请女士共舞。但是

[①] 英国著名小说，男主人公虽然心地善良却表现傲慢，导致女主人公心生偏见，二人之间产生一系列误会，最终释然，有情人终成眷属。

男主人公达西并没有邀请伊丽莎白，而且说了一些在外人听起来冷漠无礼的话，使得伊丽莎白一直对达西充满偏见，两个人的感情也因此误会而平添更多曲折。在真实生活中，几乎没有人愿意做一个被讨厌的人。若是内心本充满善意，却被误解、被扭曲，这势必扰乱我们内心的平静、降低我们的幸福感。

师：因此，擅长发射善意信号的人，与不擅长发射善意信号的人相比，肯定是前者幸福指数更高，也能减少精神内耗，腾出更多的精神空间，追求自己热爱的一切。在过去的人生岁月中，朋友所说的话有许多给你留下了深刻的印象。那些感动我们的信号，有的是温柔的话语中充满善意，有的是严厉的话语中也充满担心。当然，也有缺乏善意、充满攻击性的信号。

同学们分享自己印象深刻的话语，并得出结论，"良言一句三冬暖，恶语伤人六月寒"。语言的效力超乎想象。

设计意图 班会课进行好书章节共读，也是促进同学们阅读的好方法。广泛的优质阅读可以开拓视野，在人际交往中也会显得更有内涵，善意发射时也更有艺术性。

三、善意信号发不出

师：同学们，这些话你们听了是什么感受？

（屏幕显示）：

你怎么这么迷你呀？

你怎么长胖了？

你虽然不聪明但是很努力哦！

生：不开心！这些话是在嘲笑我们长得胖，嘲笑我们长得矮，嘲笑我们不够聪明！

师：这些看似开玩笑的话，说者无意，听者有心。说出这些话的同学可能觉得不过是闲聊，不是有意地攻击他人，但是听的同学，很可能就会误解。

师："你不聪明但是很努力"，这句有没有可能是善意说出来的呢？

生：有可能说这句话的人更加欣赏能够勇于拼搏、挑战人生的人。

师：这就是我们常说的"说话比较直"，心怀善意说出的话，只考虑到自己的价值观，没有考虑他人的感受，这样就导致善意讯号发射不了。

（屏幕显示）：

善意信号发射原则：不要把个人的喜恶强加给他人。

设计意图 直爽的个性本来是非常受欢迎的，但是与人交流的时候要把握好尺度。要把尊重他人放在第一位。

四、善意信号放大器

（屏幕显示）：

三明治谈话法：是指对某个人先表扬、再批评、接着再表扬的一种谈话方式。人们把批评的内容夹在两个表扬之中，从而使受批评者愉快地接受批评，心理学中称之为三明治效应。

情境：你是朵朵的最好的朋友，朵朵因为平时太爱吃零食、宵夜，现在BMI指数[①]已经超过20，到达病理性肥胖的边缘。你非常想要劝朵朵为了健康稍微控制体重，但是你又担心朵朵以为你嫌弃她肥胖，请问怎么利用三明治谈话法和她说呢？

生：朵朵，我看你都没以前有精神了，你以前都很注重健康和养身的，如果能够稍微健美一点，就真的是活力四射啦。我每天下午放学后都会去运动一会儿，正觉得孤单，你有没有兴趣陪我呀？而且我半夜不想吃东西，不健康，你愿意陪我吗？

师：这实在是得了三明治谈话法的精髓啊，从想要劝朵朵减肥，轻松变为好朋友之间的互动。所有的问题都有两面性，我们在谈话的过程中，可以先说某个问题的优点，夹着隐患，再贴上一个小优点，这样再艰难的话题，也能顺利展开啦！

（屏幕显示）

谈话小贴士[②]：

[①] BMI（Body Mass Index）指数即身体质量指数，计算公式：BMI=体重（千克）除以身高（米）的平方。中国标准超过25为病理性肥胖，许多疾病罹患率将大幅上升。
[②] 蔡康永.蔡康永的说话之道［M］.长沙：湖南文艺出版社，2020.

1. 做自己和没礼貌常常就是一线之隔。
2. 聊天时，每个人都想聊自己，要常常想着给别人递话题。
3. 避开地雷，别交浅言深。
4. 交谈不是有奖金的竞赛，别急着抢答。
5. 换位思考，观察对方最渴望被赞美的部分。
6. 别人赞美一句你就回一句，别把自己当成高高在上的女王享受朝拜。
7. 不要做没有感情的科学道理发射机器。

四、善意信号接收器——感谢、回应与改进

游戏：用随机数小程序，抽取一位同学射箭，射中的问题大家一起来解决。没有射中则顺延到下一位。

射中的问题场景：俊俊夜里打呼非常严重，同宿舍的同学睡眠质量都比较好，并没有受到他的打扰。但是鑫鑫有天半夜起来上厕所，发现俊俊打呼时有些吸不上气来，遂和俊俊提议："俊俊，我们夜里都睡得挺好的，一直没受到什么影响。但是昨晚我发现你打呼时，好像呼吸有些困难，你看看是不是侧卧会好一些？"

师：鑫鑫作为室友，发出了善意讯号。但是俊俊本身因为从小打呼，以前和舍友有些矛盾，自己也有些自卑。请问要怎么做，才能够安然接收来自俊俊的善意信号呢

生1：鑫鑫并不是嫌弃俊俊，是想要帮助他，确实是发射出了善意讯号。

生2：俊俊可以先谢谢鑫鑫的关心，接受他的提议，侧卧试一试。

师：如果侧卧后情况还是没有缓解呢？你能一起帮帮鑫鑫吗？

生3：可以和俊俊一起查阅关于呼吸暂停综合征的资料，科学对待这个问题。

师：非常好，我们感受到别人的善意信号之后，一定要感谢—回应—改进。请同学们从后墙上随机选择一个同学们碰到的人际交往的困难，写下解决办法，拍照上传到班级群。

设计意图 通过心理团队建设游戏——"射问题",提高同学们的互动参与程度。

【课后延伸与拓展】

亲子共读:《蔡康永的说话之道》《人际舒适心理学:如何摆脱人际交往中的受伤感》《积极心理学》。

微型游园会:在班级和走廊,设计多种才艺表演和展示空间,用立体化的方式促进学生进行多元化的人际交往。

【反思与总结】

同学们在交往的过程中,会有很多自己都没有察觉到的一些小毛病,如果能够改正并学会表达善意,肯定对同学们的人生有莫大的助益。英语中有句谚语是"you are what you say",意即你说话如果狂妄无礼,那么你就是目中无人;你说话谦和谨慎,你就是可靠之人。在人际交往的过程中,我们更多地要注重他人的感受,不要把自己放在最优先的地位,这样就能获得愉快的社交体验。

本课不足之处在于社会体验部分比较少,限于校园内部的人际交往,可以鼓励学生在节假日、与亲戚朋友相处的时间进行行为拓展,实际操练。

广东省佛山市南海区金石实验中学　张玛梁

16. 不念过去，不畏将来，拥抱现在

——自我成长激励

【班会背景】

高二分科后，很多学生出现一种松卸、迷茫的状态。通过调查了解到学生不像高一时带着中考成功的喜悦，对自己的高中学业充满信心。经过一年的学习，部分同学成绩退步，而一些家长和同学却还停留在对过去的怀念。有些同学则得过且过，对未来没有规划和想法。

社会心理学家库尔特在《社会空间实验》一文中首次使用"团体动力学"这个概念。团体是在一定的目标引导下，通过成员之间的互动，满足成员一定心理需求的组织。一般来说，通过改变团体来改变其中的个体行为，比单个地改变个体行为要更容易。因此，当学生出现学习意愿下降、沉迷过去、对未来的发展充满迷茫时，可以通过集体活动，依靠团体的力量解决。本节班会课将学生、老师和家长构建成一个"为每一位同学健康成长而努力"的团体，让同学在集体活动中，感受到来自团体的支持和关注，唤醒自我努力的动力和信心。

【班会目标】

1. 知识与认知目标：通过视频故事、心灵剧，帮助学生认识自己面临的学习方面的困境，如手机诱惑、怕累怕苦等，获得情感共鸣，激发改变的意识。

2. 方法与能力目标：在活动体验中，找到解决学习问题的方法。

3. 情感与态度目标：感受来自同学、老师、父母的支持，坚定成长的信念。

【课前准备】

1. 与一位科任老师联系，在活动中指引学生参与活动。

2. 与一位平时工作忙、跟孩子见面机会较少的家长联系，协调时间，邀请该家长参与活动。

3. 被邀请家长的同学需要在不知情的情况下参与活动，因此要与班上同学协商好，在不告知该同学的情况下，大家推荐他参加活动。

4. 准备竹竿（3根）、眼罩（至少一个），排练情景剧，邀请六位同学用竹竿制造障碍。

5. 向学生父母收集孩子1~3岁和现在15~17岁的照片，并请家长保密。

【班会过程】

一、视频导入：奇幻故事引发对未来和过去的思考

（屏幕显示）：

欢迎来到"我"的世界，

"我"给大家带来一个绝妙的故事，

这个故事的名字叫做"过去、未来"。

播放视频：奥斯卡提名动画《盲眼女孩》。

视频讲述的是一位姑娘，左眼只能看到过去，右眼只能看到未来，这样的眼睛让她痛苦不已，比如走路时，她左眼看到过去这条路的样子，右眼看到未来这条路的样子，唯独不知道现在这条路是什么样，因此经常摔跤甚至面临死亡威胁。面对追求她的男士时，她左眼看到男士两三岁还在流鼻涕、穿尿不湿的样子，右眼看到男士满脸皱纹、弯腰驼背拄拐杖的样子，唯独看不到男士现在的风度翩翩，因此无法接受这位男士。盲眼女孩沉沦在过去和

未来之中，没有办法体会现在的生活，非常痛苦，她甚至希望挖掉一只眼睛，以期望能稍微正常地活着。

设计意图 通过带有奇幻色彩的视频，学生可以深深体会到如果沉迷过去的回忆和未来的想象，很难过好现在的生活。

二、活动体验：在参与中唤醒自己的力量

（一）选择

师：同学讨论下如果左眼看到过去，右眼看到未来，你会选择什么？

生1：我选择看到未来，这样就不用面对未知的恐惧，可以躺赢。

生2：我选择看到过去，如果未来都被看到了，生活就没有意义了。

生3：为什么一定要看到过去和未来呢？为什么不能用心感受现在？毕竟现在才是我真正生活的时间呀，这才是我能把握的呀！

同学各抒己见，表达自己想要选择过去或者未来的理由。

师：人很容易活在对过去的怀念或者悔恨中，也可能沉迷在对未来的期待或者忧虑中，对宝贵的现在却视而不见。选择现在就是选择努力奋斗。请听听选择了现在，选择努力的"我"的故事

设计意图 制造认知冲突，让学生在交流、讨论、分享中思考更全面、更深刻。

（二）困难

学生表演心灵剧。在表演的过程中，根据相应情节屏幕依次显示"学业压力""众多诱惑""孤单迷茫"。

在向前的道路上，用三根高低不一的竹竿设置障碍：分别代表"学业压力""众多诱惑""孤单迷茫"。

（女生蒙着眼睛在黑暗中摸索，不时撞到身边的障碍物）

女生：我选择活在现在，我放弃了对过去的怀念和对未来的空想，我选择面对现在，活在当下，我愿意用努力去克服一个又一个的障碍。

障碍1：学习的压力。

（一位同学举着一块牌子，上面写着"学习压力"）

女生：我很努力地学习，但是成绩总是上不去，还记得初中我总是能最先完成作业，考试分数很高，得到老师和家长的表扬、同学的羡慕，可现在是怎么了？为什么很多题目都不会做呢？

障碍2：众多的诱惑。

（一位同学举着一块牌子，上面写着：手机、小说、漫画、追星……）

旁白：朋友圈更新了，你不看看？王者荣耀，一起玩吧？你喜欢的明星又有新专辑了，快来听听，别往前走了，来这里，这边更好玩更刺激。

女生犹犹豫豫地往手机方向走。

障碍3：内心的迷茫。

（一位同学举着一块牌子，上面写着：迷茫、怀疑、孤独）

女生手扶着头，作痛苦状，最后无奈地蹲下哭泣。

女生：不，我不能被困难阻挡，我也不能被迷惑。可是，我太累了，太辛苦了，我为什么要让自己如此煎熬？我独自一人艰难地前行，孤独，迷茫，不知道方向，不知道能不能到达想要的远方？不知道这样的努力到底有没有意义？谁能告诉我，我该怎么做？

设计意图 将同学们遇到的困难和心中的迷茫进行可视化表达，用"朋辈效应"引发情感共鸣，为后面的转变做铺垫。

（三）突破

师：故事里面的女孩在前进的路上遭遇了"学业压力""众多诱惑""孤单迷茫"这些阻碍，她很痛苦，我们一起来帮助她，坚定内心，努力向前。

活动：全班分四组，每一组选出参加游戏的同学，根据不同的要求越过上文提到的三重障碍，到达梦想彼岸。

要求1：同学陪伴。

小组推荐两位同学参与游戏，一位同学扮演盲人，一位同学扮演双腿不能行走的人，两位同学都必须通过障碍物，并且不能触碰障碍物。

（教师随时在旁边注意两位参与游戏的同学的安全）

游戏结束，分享体验（尤其要请参与游戏的同学进行分享）。

学生各抒己见，谈论自己的想法。

（屏幕显示）班级活动照片：学霸担当、篮球高手、文艺少年、舞动青春、活动达人、商业精英、绘画高手……

师（小结）：每一位同学都有自己的优点和缺点，大家汇集在一个班里，我们取长补短，相互学习，这一个学期是大家共同努力、共同进步的时光，有同学的陪伴，你不孤单！

要求2：老师指引。

小组推荐一位同学参与游戏，根据声音提示，通过障碍物。参与游戏的同学蒙住双眼，提前邀请的一位科任老师在障碍物的另一头用语言指导同学前进。

游戏结束，请参与游戏的同学分享体验，请科任老师表达对班级同学的期许。

师：当你发现是老师在指导自己前行的时候，你有什么感受呢？

（屏幕显示）老师备课、上课、改作业、辅导学生等场景的照片。

师（小结）：当你遇到学习困难时，当你觉得迷茫困惑时，别忘了，老师永远都在那里，老师们会为你指引方向，为你保驾护航！请相信自己的老师！

要求3：父母的支持。

小组推荐一位同学参与游戏，在特定的"协助"下通过障碍物。

这位同学（父母工作忙，被关注少，不愿意跟父母交流）被推选出来参加活动（提前与其他同学协商好，一定要推选这位同学）。当他被蒙住双眼后，他的母亲出现了。母亲不能说话，但是她扶着自己的孩子，小心翼翼地带着他前进，遇到低的竹竿，她蹲下身子提起孩子的脚跨过去，遇到高的竹竿，她护住孩子的头轻轻压低身体穿过……看到这些场景，现场响起了掌声。当这位同学最终穿越障碍后，打开眼罩，发现是自己的母亲，他一把抱住了自己的母亲。

游戏结束，请参与活动的学生和家长分享体验。

师（小结）：无论你面对着什么，无论你经历着什么，哪怕父母没有办法天天守在你的身边，但是他们的关心和爱护一直在，父母永远都在你身后支持着你，正如小时候，他们为你遮风避雨，呵护你成长，现在他们也支持你、鼓励你！请多跟父母交流，体会父母的关爱。

要求4：自我帮助。

小组推荐一位同学参与游戏，在没有任何协助的情况下，自己通过障碍物（可以碰触障碍物）。

参与游戏的同学被蒙住双眼后，教师偷偷撤掉所有的竹竿障碍，参加游戏的同学小心翼翼地躲避着并不存在的障碍，现场一片爆笑。参与游戏的同学不断向前摸索，最后，老师让她停下，帮她拿掉眼罩，她吃惊地看着空无一物的场地，也忍不住笑了。

游戏结束，请挑战游戏的学生和其他学生分享感想。

师（小结）：真正的困难是我们自己对困难的畏惧！当你鼓足勇气，努力前行时，许多问题就会迎刃而解！相信自己！只有你自己能够把握自己人生的钥匙。

设计意图　个体需要来自周围环境或其他人的关爱、理解和支持，体验集体归属感。通过游戏，让学生感受到努力的道路上有同学的互助、老师的辅助、父母的支持，这对学生的健康成长非常有利。更重要的是，通过最后的游戏，让学生看到坚定信念、克服恐惧、战胜自我、实现自我救助的重要性。

（四）坚定

师：当你拿到人生的钥匙后，你想看看自己的人生吗？

（屏幕显示）：一位男生2岁时的照片。

师：同学们猜一猜他是谁？

（屏幕显示）：男生现在的照片。

师：大家想知道他未来是什么样吗？

（屏幕显示）依次呈现将男生P图成警察、工程师、医生等形象的照片。

文字：他可以有无数种未来，而最终他的未来，取决于现在的努力！

（屏幕显示）依次播放班上其他同学的照片，先播放小时候（1~3岁）的照片让同学们猜猜是谁，再播放现在的照片（15~17岁），并提问，他\她的未来是什么样？

师：问了那么多他/她是谁，其实更重要的是想问"你是谁？"你的过去我们没有参与，你的现在我们见证，而你的未来是由现在的你决定！

设计意图 回扣主题，让学生畅想未来，唤起他们对美好生活的憧憬，提醒他们把握当下，用一步一步的努力，将梦想化为现实。

师（小结）：在前行的道路上会遇到"学业压力""众多诱惑""孤单迷茫"这些障碍，可是你们有"同学陪伴""老师指引""父母支持"，更重要的是你们要自我帮助，不畏困难，努力前行。

【课后延伸与拓展】

1. 请给十年后的自己写一封信，畅想那时候自己的职业、爱好、家庭，并告诉未来的自己，现在的自己会为了未来做出哪些努力。

2. 班级分成6组学习共同体，每组邀请一位科任老师当导师，共同体内的同学在学习方面相互支持、相互帮助。

【反思与总结】

1. 本节课需要做大量细致、繁琐的前期准备工作，如收集照片、邀请家长、指定参与学生等，而且都要做到保密，才能达到更好的效果。

2. 情景剧排练要求主角女生情感爆发力强，强烈的冲突更能激发学生的共鸣，为后面环节的目标达成做铺垫。

3. 现场采访需要执教老师时刻关注游戏过程中的细节，敏锐抓住情感点或关键点，这样的采访才会更打动人，更能实现育人价值。比如蒙眼穿障碍的学生听到老师指挥的声音，认出老师那一刻脸上出现的开心笑容；学生摘下眼罩，发现小心翼翼护送自己过障碍的是自己母亲时的惊讶、感动；蒙眼男生背着自己的同学过障碍时，紧紧护住自己的同学，一只脚小心翼翼地颤抖着向前试探……很多细节没有办法预设，却在真实发生时，让人无比动容，一定要抓住这些点，并在采访和总结时提出。

4.班会结束后，学生和后面观摩的教师依然情绪激动，久久不能平静，作为班主任最好趁热打铁，后续用更具体的方法，指导学生掌握具体的学习方法等，促进学生的行为转化。

广东省南海区狮山石门高级中学　屈迪扬

17. 学海无涯，心流有道

——培养学习专注力

【班会背景】

《国家中长期教育改革与发展纲要（2010—2020）》中指出：高中是青少年自主发展的关键时期，应引导学生学会自主学习。面对高二阶段知识难度和广度的增大，很多学生感觉到学习任务重，学习压力大。如何提高学习效率是同学们迫切希望得到解答的疑惑。本班会针对以上情况，运用体验式学习理论，通过游戏体验、情境创设等让学生感知学习心流，认识心流三大引发策略，并学会在学习中创设条件引发心流产生，进一步提升学习效率，增强学习效能感。

奇克森特米哈伊（Csikszentmihalyi）于1975年首次提出心流（flow）概念，随后系统地建构了心流理论。该理论指出，心流是个体对某一活动表现出浓厚的兴趣并由此推动个体完全投入某项活动的一种情绪体验或状态。心流由9个要素组成：明确的活动目标、清晰的及时反馈、与能力匹配的挑战、注意力高度集中、行动意识融合、控制感较强、丧失自我意识、时间体验失真、体验活动本身为个体的内部动机。前3个为心流的引发策略，其余6个为心流的成分。只要满足引发策略，几乎在大多数活动中均能引发心流。[1]

---

[1] 王舒，殷悦，罗俊龙. 学习情境下的心流体验［J］. 教育生物学杂志，2021，9（1）：6.

【班会目标】

1. 知识与认知目标：引导学生认识心流表现和心流对提高学习效率的作用，了解心流引发的三大策略。

2. 方法与能力目标：引导学生正确掌握学习心流引发的三大策略，并学会在日常学习情境中创设条件触发学习心流产生，进一步提升学习效率。

3. 情感与态度目标：帮助学生获得学习心流的积极体验，提升学生学习效能感。

【课前准备】

1. 对学生学习专注困难的情境进行调查。

2. 准备游戏所需的平衡小人偶、漏孔铁盘、彩绳等。

【班会过程】

一、热身环节：头脑风暴

1. 老师邀请同学们在横线上合理地补充 TA 接下来的行动。

（1）篮球运动员，今天手风特别顺，一投一个准，接下来，他会＿＿＿＿。

生 A：他肯定继续投球呀，今天手风这么顺，多投几个，把手感维持住，也跟其他人炫一炫。

（2）李雷周末晚上回家玩《暗黑破坏神》，终于来到了第 6 级，学到了大冰弹，刚才费尽心力应对的敌人现在一下就打死了。接下来，他会＿＿＿＿。

生 B：他可能就一直沉迷在游戏中，很晚才睡，游戏里获得的成就感让他感到很刺激。

（3）夏洛特是班里的数学奥赛种子选手，他已经纹丝不动地埋头解题 2 个小时了，突然妈妈在外边喊他吃饭。接下来，他会＿＿＿＿。

生 C：我觉得他不会立即停下来去吃饭，他会把这道题解完再去，很有可能他都没有听见妈妈在喊他，因为他已经沉浸在做题里面了。

2.教师总结：以上三位人物的共同点都是在活动过程中感受到愉悦和快乐，同时认真且专注，以致忘了时间，这种心理状态就是心理学上的"心流体验"。

设计意图　在课堂初始阶段，以头脑风暴的方式提升学生的课堂参与程度，激起学生对本课的学习兴趣，进一步引出"心流"的概念。

二、心流体验营："解救人偶"

1.教师介绍游戏规则，同学们以6人为一组进行"解救人偶"游戏。

（1）游戏情境：现有若干小人偶被困在海洋（教室地面）中，我们需要通过团队合力将其解救至高地（课桌桌面）。

（2）游戏过程：每组同学有7分钟的时间进行三轮解救任务。首先，每组自主选出5名同学担任解救员，1名同学为助手；其次，解救员必须手握绳结处，在解救的过程中，人偶需在解救艇上保持站立姿态，一旦人偶倒下，则解救任务失败，需重新开始（助手监督重新开始）；再次，每轮任务没有具体限时，但三轮任务总限时7分钟，每完成一轮任务，请助手举手示意获取"星星贴纸"，如下图所示：

最先收集完三张星星贴纸的小组，将获得"旗开得胜"称号，并且每人获得3支棒棒糖奖励。

（3）人员分工。每组解救员负责解救人偶任务，手握绳结处按每轮任务解救图进行解救。助手负责观察解救过程是否符合任务规则、在每轮解救任务完成后举手示意可获取本组本轮的"星星标记",以及在每轮任务开始前摆放好人偶造型。

2. 老师给予2分钟时间,学生讨论解救目标,试验解救过程,然后每组告知解救目标并开始游戏,游戏时间为5分钟。

3. 游戏结束后,教师请同学们根据活动体验,思考并组内分享以下问题:

(1)你在解救任务过程中有体验到心流状态的特点吗?(如专注、忽略周围发生的事情、不知道时间过去多久)

(2)如果有,在哪一轮的解救任务中体验最为深刻?

(3)这轮解救任务有什么样的特点,能让你产生更多的心流体验?

除了以上所述,你认为还有什么因素影响了我们的心流体验?

4. 教师通过同学们的分享,生成心流引发的三大策略:明确的活动目标、清晰的及时反馈、与能力匹配的挑战,并板书。

设计意图 创设"心流体验营"的团队合作游戏,让同学们加深对"心流"的感悟和理解,并对心流引发策略有所理解。

三、选择心流敲门砖

1. 教师通过情境比较,引导同学们对心流引发策略进行辨析,初步引导学生思考如何在学习上运用三大策略来触发心流,提高学习效率。

2. 教师展示情境,引导学生思考、辨析以下哪个选择更容易在完成过程中达到心流状态,为什么?

情境一:

生A:这学期提升语数英。

生B:这星期全面复习,提升数学函数学习模块。

生C:周五晚自修第一节课掌握数学函数学习模块的错漏点。

情景二:

生A:我要好好把握今天,先完成3篇论述文阅读练习,然后进行文言文常识训练和默写，练习解析几何大题、对英语七选五题型进行研究归纳，完成政治周五练习测试、归纳周四历史测试的错题等，但是这么多事情堆在一起，头都大啦！

生B：我把所有要做的事情按学科分类，并在完成每一项任务后给自己的任务记录打"√"。

情境三：

生A：目前我的语文成绩105分，数学107分，英语98分，物理76分，化学60分，生物77分，年级排名400名。

目标1：语文成绩108分，数学110分，英语105分，物理80分，化学65分，生物80分，年级排名300名。

目标2：语文成绩130分，数学130分，英语135分，物理90分，化学95分，生物90分，年级排名30名。

3. 教师根据学生的辨析、回答进行归纳总结，拓展引发学习心流的三大策略：明确的学习目标、给予及时反馈、设置与当前能力匹配的学习任务/目标。

4. 情境运用。

（1）教师展示同学们学习情境的调查小视频，请小组讨论、思考并分享如何运用心流引发策略帮助触发学习心流，提高学习效率。

生A：上自习的时候常常看一会儿书就注意力涣散，或者发呆，或者和同桌聊聊天，在教室坐了一晚上，实际效率非常低。

生B：周六早上的自习课做一页生物练习，觉得有点烦躁便又拿起数学练习，结果写不进去，心想着：唉，这些作业还是等到晚上再做吧，然后看着教室的钟等下课。

5. 教师根据学生生成，进行总结板书。

设计意图 通过"选择心流敲门砖"环节，让同学们在真实情境中学会引发心流的策略，做好引发学习心流的前期准备，让自己更好地进入学习状态，提高学习效率。

四、总结提升，感悟心流

1. 教师提问：结合今天的课程内容，关于学习心流，你有什么新的认识吗？请用一句话进行概括。

2. 学生分享，教师作总结提升。

【课后延伸与拓展】

教师介绍公众号"有为精英课堂"，向学生提供更多的获得学习策略的途径和资源。

【反思与总结】

班会前充分调查学生学情，通过创设"心流体验营"的团队合作游戏，让同学们感受心流，获得学习心流的积极体验，也在"选择心流敲门砖"环节，让同学们在真实情境中学习、掌握三大策略来引发学习心流，提高学习效率，达成本课教学目标。本节课程容量较大，需要教师充分引导，注重学生的感悟生成。

广东省佛山市南海区石门中学　黄国琼

18. 笑看挫折，人间值得

——提升自我抗挫力

【班会背景】

青少年抗挫力又称为青少年心理弹性能力，是学生健康成长过程中必不可少的关键能力之一。在每个人的成长道路上，挫折都是不可避免的。能否积极看待挫折，勇敢面对挫折，甚至学会与挫折"和解"，是每个学生要面对的重要课题。《中小学生心理健康指导纲要（2012年修订）提出加强高中生应对失败和挫折的能力，帮助学生形成良好的意志品质。

高二阶段的学生处于分化期，随着学习难度、学业竞争压力的加大和人际交往的发展，相当一部分同学容易产生挫败感、厌学情绪，甚至自我迷失和自我怀疑。另一方面，大多数学生经受的挫折较少，自我期待高，抗挫能力还有待进一步提升。

积极心理学有别于传统心理学，更强调积极的人格特质、积极的认知和积极的情绪，本节班会课以此为主要依托，引导学生以积极的态度对待挫折，发掘自己的积极力量去解决困难。另外，本课程设计中用到艾利克斯的情绪ABC理论和班杜拉的观察学习理论，引导学生以积极的信念去看待问题。

【班会目标】

1.知识与认知目标：引导学生认识到挫折是普遍存在的，是人生的必修课。

2.方法与能力目标：通过体验与感悟，引发学生内心共鸣，提升学生的抗挫能力，并习得积极面对挫折的力量与勇气，尤其是在心理健康方面，遇到挫折时候学会淡化问题，关注优势。

3.情感与态度目标：提高学生的心理韧性，在日常的学习和生活中充满正能量，能够积极面对挫折。

【课前准备】

1.学生制作"孤勇者"VLOG——我眼中的抗挫英雄。

2.学生课前填写《青少年心理弹性量表》，教师分析总结。

3.教师准备好皮克斯的经典视频《鹬》。

4.请家长录制孩子在成长过程中战胜困难的例子并发送给老师，老师进行视频编辑。

5.提前准备好A4纸分发给学生。

【班会过程】

一、拼出我精彩——限时拼图大作战

每个学生拿到3份10张的拼图。全班同学分组，在10秒钟内限时拼完3副拼图。游戏玩3轮，3轮都能够在规定时间内拼完的同学加3分，按小组算总分，总分最高的小组获评"VIP眼明手快小组"。

教室里的气氛瞬间点燃，有些同学动作快，合作分工，很快完成；有些同学临近时间结束时还没完成，显得手忙脚乱。最后得分最高的小组获得一份小礼物。

老师随机采访得分最高和最低的小组。

生：有时候没有拼完，感觉很挫败。紧接着下一轮就开始了，没有信心，觉得自己肯定拼不好了。

师：然后呢？

生：然后就真的拼不好了。（同学们笑）

师：在短短30秒3轮限时拼图中，有些同学第一轮没有表现好，积极调整自己的状态，后面也可以拼好。有一些同学陷入手忙脚乱之中，结果0分。同样的事情，当我们看待它的角度不同，结果自然也就不同。

设计意图 以游戏体验的方式导入，给学生以心灵的冲击。通过层层递进的设问，引导学生认识到在面对挫折的过程中，对结果产生最大影响的是自己的态度与行为。遵循认知规律的同时调动学生的参与热情与学习积极性。

二、直面荆棘——绘制"成长路线图"

（屏幕显示）：

当我们拥抱鲜花的时候，我们也要回过头来感恩生命中遇到的那些荆棘。

——毕淑敏

师：正如作家毕淑敏所说，鲜花和荆棘在我们生命中往往是相伴而行的。请同学们拿出A4纸，将纸张平放，中间划一条线，横线左上方画上一朵花，意味着成长中的"鲜花"。横线左下方画上雨水，意味着"荆棘"。请大家回顾自己十几年来取得的成绩或者让自己觉得很满足很开心的事情，写在"鲜花区"，同时回顾自己所遇到的挫折，写在"雨水区"，完成"成长路线图"。

师：大家看，成长阶段我们总会迎来阳光灿烂的"高光"时刻，也会有乌云密布的悲伤经历，大家可以尝试把我们可能会遇到的"荆棘"归类。

生1：考试失利！

生2：学习不好！

生3：和家人吵架。

生4：和朋友因为误会绝交了。

生5：被误解，被冤枉。

生6：自己什么都不会，有时候感觉自己像家庭的负担。

生7：意外受伤，有很长一段时间都要坐在轮椅上面。

师：同学们说了各种各样的"荆棘"，我们可以尝试对这个荆棘群进行分类。比如，身体健康上的烦恼、学业压力带来的烦恼、人际交往的烦恼、未来规划的烦恼等。这些烦恼是不是只存在于自己身上呢？

师：现在我们玩一个小游戏，请大家闭上眼睛，回忆自己从小到大遭遇的挫折。请没有遭遇过挫折，觉得自己一直都非常顺利的同学举起左手，并站起来。觉得自己经历过挫折的同学举起右手，保持坐着。

老师自己也在讲台旁边的椅子上坐下。

师：现在请大家睁开眼睛。

同学们左看看右看看，发现全班没有一个人站着，连老师都坐在凳子上，大家都不由地笑了。

师：大家可以发现，包括老师在内，都不能躲过挫折。挫折在我们的人生中无所不在，哪怕是幸运儿，也一样会面对许多挫折。

[设计意图] 以作家毕淑敏的名言引入，通过引导学生绘制"成长路线图"和举手小游戏启迪学生，在人生旅途上会有鲜花，也会有荆棘，这两者总是相辅相成存在于我们生命中的，帮助同学们直观看到挫折的普遍性，减轻个人面对挫折时的心理负担。

三、战胜挫折——"我是大作家"挑战

"我是大作家"故事续写挑战。

因为我有个这样的爸爸啊

明和恺是双胞胎兄弟，他们从小生活在贫困之中。他们的爸爸没有正式的工作，好赌，嗜酒，最经常做的事情就是在家里看电视。两兄弟的性格很不同，明＿＿＿＿＿＿＿＿＿＿＿＿＿，而恺却＿＿＿＿＿＿＿＿＿＿＿＿＿。

后来两个孩子慢慢长大，明变成了＿＿＿＿＿＿＿＿＿＿＿＿＿，但是恺却变成了一个＿＿＿＿＿＿＿＿＿＿＿＿＿＿＿＿＿＿＿的人。当有人问他们：为什么你会是这样的。他们的回答出奇的一致，他们都说："因为我有一个这样的爸爸啊！"

师：请同学们用5分钟的时间续写这个故事，并对自己改编的故事进行分享。

学生分享：

因为我有个这样的爸爸啊

明和恺是双胞胎兄弟，他们从小生活在贫困之中。他们的爸爸没有正式的工作，好赌，嗜酒，最经常做的事情就是在家里看电视。两兄弟的性格很不同，明敏感自卑，总是自怨自艾，觉得自己很不幸。而恺却阳光积极，觉得爸爸指望不上，更加要靠自己，所以读书格外的努力，课余时间还到处打零工，赚来钱就买书看。

后来两个孩子慢慢长大，明变成了像爸爸一样的大人，每天混日子。但是恺却变成了一个有稳定工作、丰厚薪酬，还有美满家庭的人。当有人问他们：为什么你会是这样的。他们的回答出奇的一致，他们都说："因为我有一个这样的爸爸啊！"

师：一样的爸爸，因为儿子各自的心态和行为的不同，可能会带来完全不同的结果。甚至在一些时候，鲜花和荆棘是可以互相转化的。

（屏幕显示）：情绪ABC理论。

外科医生阿费烈德在解剖尸体时候惊讶地发现，其实病人的器官不一定就弱，相反很多病人的器官为了抵抗疾病，比正常人的器官功能还要更强。有一些艺术家天生存在某些缺陷，而正是这些生理缺陷，让他们最后取得了比其他人更高的成就。如果把挫折比喻成跨栏运动员面前的"栏"，栏越高，可能会更进一步激发运动员的斗志，运动员会表现得更好。

很多时候挫折在我们生命中是不可避免的，但我们却可以选择怎么面对挫折。在心理学中有著名的ABC理论，该理论认为，激发事件（A）是引发情绪和行为后果C的间接原因，而直接决定C的其实是B，也就是个体的信念。如何看待挫折直接决定了我们在遇到挫折时会有什么样的情绪，采取什么样的举动。

设计意图 以故事续写的形式，帮助学生在看、听、说中走向心理的"共情"。以情绪 ABC 理论贯穿其中，引导学生理解挫折不仅是普遍的，而且也是可战胜的。同学们需要做的是加强自尊、自信、自我认同，磨砺自己，将不幸和变故转变成幸运与财富，从而提升自己的心理韧性。

四、与挫折共生

1. 说说我我眼中的"抗挫英雄"。

（屏幕显示）：一个奖杯图片。

师：同学们，你们想把这个奖杯颁给哪一位生活的强者。先小组内分享自己心目中的"抗挫英雄"，然后每个小组推荐一个同学在全班分享。

生1：我心目中的抗挫英雄是钟南山院士……

生2：我的抗挫英雄是我爸爸……

生3：我心中的抗挫英雄是《老人与海》中的老人。我永远记得他说的那一句"一个人可以被毁灭，但不可以被打败"。

生4：我心目中的抗挫英雄是我姥爷。姥爷是参加过抗美援朝的老兵。

……

学生们各抒己见，分享自己心目中的抗挫英雄。

设计意图 根据班杜拉的观察学习理论，充分发挥榜样示范作用，让学生寻找自己身边的抗挫英雄，在分享的过程中学生也会受到感染，进而向他人学习，汲取成长的能量，增强自己的抗挫力。

2. 制作属于自己的"抗挫盾牌"。

师：我们仔细观察这些英雄，找找这些英雄们身上往往都存在一种共同的特质，大家觉得是什么？

学生讨论并分享。

师：是的，是韧性。我们可以学习他们的韧性，学习他们面对挫折的信念和勇气，坚持与自强。但老师也想提醒大家一点，战胜挫折的方法不是放之四海皆准的，更不是所有的挫折都能够被战胜。如果真的不能战胜它，我们还要有一分与"荆棘"共生的淡然。东坡居士一生多次被贬，但他能有一份"谁怕？一蓑烟雨任平生"的大气和淡然，所以无论走到哪里，依然能够乐观豁达地生活。

现在请每一位同学在纸上绘制自己的"抗挫盾牌"：当面对挫折时我们可以怎么做（至少写出3条），并把自己的"盾牌"在小组内进行分享。

学生开始进行制作，不少同学在画下的盾牌旁边写着"树立正向思维""相信荆棘和鲜花本就是成长道路上伴随我们前行的""做一个坚韧的人"，等等。

师：大家都写了很多很好的方法，为自己的心灵加固了"抗挫折盾牌"。是的，我们有很多好的办法去对抗挫折，比如：合理分析、合理释放情绪、接纳挫折等。老师现在还想给大家再介绍一种加固"盾牌"的方式，那就是打造属于自己的"抗挫资源圈"。当遇到挫折的时候，我们除了自己勇敢面对外，也别忘记身边陪伴我们的人。

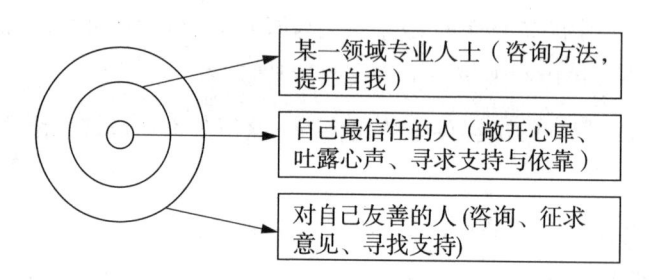

某一领域专业人士（咨询方法，提升自我）

自己最信任的人（敞开心扉、吐露心声、寻求支持与依靠）

对自己友善的人（咨询、征求意见、寻找支持）

设计意图 引导学生认识到并非所有的挫折都可以被战胜，当无法战胜挫折的时候也要保有一份与挫折共生的淡然。以制作"盾牌"的方式引导学生梳理抗击挫折的方法，并引入"抗挫资源圈"，帮助学生为心灵筑起守护堡垒。此外，同学间的互动增强了彼此之间的协作，营造了良好的班集体氛围。

【课后延伸与拓展】

1. 假期进行班集体户外拓展活动，让同学们在活动中体验，在体验中成长，进一步培养学生的协作能力和抗挫力。

2. 学生利用周末观看电影《当幸福来敲门》。

【反思与总结】

1.整节课主要运用积极心理学理论，引导学生在参与中感悟，在参与中体验，在参与中成长。

2."我心目中的抗挫英雄"环节，要给予学生充分的时间思考，并给予学生必要的指导，确保课上分享环节的真实性和有效性，避免沦为"走过场"。

3.很多挫折主题班会课都会告诉学生要坚持，要努力，就可以克服困难，战胜挫折。本节课设计的第三环节"与挫折共生"，意在引导学生看到自己并非无所不能，如果挫折无法战胜，那就淡然处之，学会豁达与乐观，从而培养学生健全的人格。

广东省佛山市南海区南海实验学校　郑丽冰

19. 雷霆战拖，有效执行

——执行力培养

【班会背景】

《国家中长期教育改革和发展规划纲要（2010—2020）》中提出："高中阶段教育是学生个性形成、自主发展的关键时期，注重培养学生自主学习、自强自立和适应社会的能力。"在普通高中开展执行力培养课程，是培养未来所需自主、自强、自立人才的一项重要措施。然而，在关于学业拖延的研究中发现，一方面，拖延使学生不能在规定的时间内完成学习任务，这对个体的学习过程和学习成绩都有较大的消极影响[1]，另一方面，不必要的学业延迟还会引起学生消极的情绪，例如，高焦虑、抑郁和低自尊等[2]。

高二学生在其有限的高中生涯中更应该预防和远离这种可能会影响其学业成就和身心健康的行为。因此，我们开展"战胜拖延，提高执行力"的主题活动，帮助学生认清拖延的本质，增强执行力，最终战胜拖延这一"顽症"，健康快乐地学习、生活和成长。

【班会目标】

1.知识与认知目标：了解拖延内涵，自我诊断，寻找自身存在的拖延行为。

---

[1] 叶晓红.初中生学习拖延与学习自我效能感的相关研究[J].牡丹江师范学院学报：哲学社会科学版，2011（6）：111–113.

[2] 李淑媛.高中生学业拖延及相关因素研究[D].武汉：华中师范大学，2008.

2.方法与能力目标：学会改变拖延行为的策略。

3.情感与态度目标：增强对自身拖延行为的重视，有意愿主动通过方法和技巧战胜拖延，提升自身执行力水平。

【课前准备】

1.拍摄关于拖延的课前调查视频。

2.戏剧道具、学案、小组活动卡片、音频。

【班会过程】

一、破冰游戏——言不由衷

1.教师介绍并演示游戏规则。

此游戏是用"是""不是"回答的游戏，但回答必须是言不由衷、颠倒事实的。如教师对一位男生说："你常穿裙子吗？"男生必须回答："是。"或者问："煤球是黑的吗？"学生必须说："不是。"教师作示范提问，学生抢答，气氛活跃即止。

2.教师小结。

刚才的游戏叫"言不由衷"，说"言不由衷"的话是不是很难受？还有人会做"行不由衷"的事，就是知道应该这么做却偏偏不做，做"行不由衷"的事更让人感到难受和焦虑。例如，应该要写作业了却看了小说。

设计意图 通过游戏调动同学们的积极性，并引出班会主题。

二、雕塑舞台

1.教师展示课前调查视频，并引出"拖延"的定义：知道自己要完成的任务和完成的时间，以及拖延行为所导致的不良后果，但却仍旧延迟开始或者延迟完成的行为或者倾向。那么，当我们正想开始任务却被一些拖延因素干扰了，这时候的我们是什么样的状态呢，接下来就进入我们今天的雕塑舞台。

2. 指导学生完成"拖延——执行力"雕塑。由一名学生扮演"个体本身",一名学生扮演"执行力",由另外3名学生扮演"拖延因素"(目标过大、错估时间、低自制力),通过不同力度和拉拽方式体现受到拖延干扰下的个体状态,最后呈现定格画面,如下图所示。

3. 提问:
(1)扮演"个体本身"的学生此时的心情。
(2)台下学生看到个体本身的当下状态有什么想法?
4. 教师小结:在拖延的牵制下,我们手头那些应该做的事情却得不到推进,于是我们有可能作业没完成、成绩下降、被老师和家长责备批评、自尊心受伤、自信心受挫……当大家看到"个体本身"当下的状态,都觉得应该摆脱拖延,而具体怎么做,很多同学可能都会很困惑,这个时候我们可以通过学习对战拖延的方法来勇敢地战胜这些干扰我们执行力的"小怪兽"。

设计意图 使用教育戏剧中的"定格"技术,将抽象的心理活动以直观的形式呈现出来。受拖延干扰的个体状态,给学生更大的视觉冲击和深刻的情感体验,让学生产生"我要摆脱拖延,增强执行力"的自主意识。

三、拖延作战三部曲

拖延作战活动以闯关的形式展开。

第一关:请你讲故事。(第一部曲:细化目标)

1. 教师给出故事主人公:"一头公牛"。请学生思考10秒,发挥想象,说出一个简短的故事。

2.提问。

（1）构造的故事是怎么样的？

（2）在构造故事的过程中感受如何？

3.教师展示"公牛历险记"的多张图片，请学生根据图片，再次思考10秒，发挥想象，说出一个简短的故事。

图1

图2

图3

4. 提问：

（1）构造的故事是怎样的？

（2）展示图片后，在构造故事的过程中感受如何？与第一次构造故事时的感受有不一样的地方吗？

5. 教师小结：当任务提示只有主人公而无其他线索时，我们在构造故事的过程中很可能会无从下手，加之时间非常有限，我们很容易对完成故事这个任务产生焦虑和紧张。但是当展示了故事图片后，我们明晰了故事线索，线索内容变得可观察化，因而我们可以轻松地完成故事。同样的，当任务不具体或难度较高时，我们往往对任务无从下手，自信不足，进而产生逃避心理，形成拖延。但是如果将任务目标具体化、可观察化，便能降低焦虑程度，我们就能更好地完成任务。例如，我希望从明天起，做一个幸福的人，可以具体化为：从明天起，种花，养草，周游世界。

第二关：请你算时间。（第二部曲：感知时间）

1. 教师引入：很多同学在完成任务过程中可能都制订了比较具体的计划，可是正如歌中所唱，"总以为时间还很多，你可以等我，便一直把任务拖延到截止日期也没有很好地实施原来计划"，那要怎样正确判断完成任务所需的时间呢，在探讨这个问题之前，我们一起先来做个游戏。

2. 教师介绍"估算时间"游戏的规则。参加游戏的同学在教师喊"开始"的时候开始估算时间，在觉得一分钟到了的时候大声喊"到"。其他同学要做的事，就是问各种问题来进行干扰，例如，你最喜欢的电影是什么？你喜欢听谁的歌？哪一首？你是追求完美的人吗？

3. 教师提问：

（1）提问参与游戏的学生：在受到干扰时，能很好地估算时间吗？感觉怎么样？

（2）台下学生在游戏过程中有什么想法？

4. 教师小结：通过这个小游戏可以发现，我们对时间的把握并没有我们想象中的准确，特别是在被干扰的情况下。研究发现，拥有高未来时间洞察力的个体能更好地进行理性思考和自我控制，会选择长远来使自己获得更大利益的选项，会倾向于更健康的行为方式，减少拖延行为（Adams & Nettle，2009；Daugherty & Brase，2010）。在完成任务时，我们也许会受到各种的干扰或诱惑，这时候我们需要练习判断我们的"任务时间"，精确预测完成任务需要花费多少时间，进而为任务预留完成时间。

第三关：请你发信号。（第三部曲：设置信号）

1.教师引入：俗话说"万事开头难"，我们在开始任务前是不是会特别磨蹭，不情愿，紧张，恐惧，进而引发了拖延？因此在确定可观察的目标，精准预测好任务时间后，我们还需要为很难开始的行动，设定一个一定会客观发生的信号，主观地为两件事之间设定联系。而这个联系可以用"一旦……就"构造起来。一旦开始后，任务就变得没有我们想象中那么难了。例如：到教室之后，一旦坐下，就马上记单词！

2.学生认真思考最近需要完成却被拖延了的任务，完成"一旦……就"训练。

3.分享自己的行动信号。

4.教师小结：在任务开始前，给自己设置一个强而有效的信号，可以提升自身的执行力，改变拖延。

设计意图 "拖延作战"活动以闯关的形式展开，增添了趣味，提高了学生参与的积极性。同时，可以引导学生总结改变拖延的好方法，体验改变拖延给自身带来的愉悦和成就感。

四、战胜拖延"小怪兽"

1.设置情境并提问：一检考试快到了，然而小明却拖延着迟迟未开始复习。如果你是小明，将这三部曲应用于这次的复习任务中，有什么具体方法可以采用呢？

2.分组讨论：每个小组发一张任务卡，卡片上对应"拖延作战"三部曲的其中一部。

3.小组同学结合三部曲思考、讨论和总结在学习中的具体使用方法。

小组作战计划书 1
我们小组使用的拖延作战曲是：细化目标

一检复习任务中，我们可以设置什么样的具体、可观察的目标呢？请举例说明。（包括时间、事件和具体目标）	

小组作战计划书 2
我们小组使用的拖延作战曲是：感知时间

1. 在一检复习任务中，我对 _____ 完成的预估任务时间为 _____ 。因此需要预留 _____ 时间。

2. 在一检复习任务中，我对 _____ 完成的预估任务时间为 _____ 。因此需要预留 _____ 时间。

3. 在一检复习任务中，我对 _____ 完成的预估任务时间为 _____ 。因此需要预留 _____ 时间。

小组作战计划书 3
我们小组使用的拖延作战曲是：设置信号

在一检复习任务中，我们可以设置什么样的行动信号呢？具体情境是什么？（包括任务、行动信号）	

设计意图　通过组内讨论、分享，将"拖延作战三部曲"与实际学习情境相联，将知识点转化为实际方法。

五、总结提升

1. 总结拖延作战三部曲。

2. 引发思考,增强学生自主改变拖延行为的意识,升华主题。(教师指导语:改变拖延的方法还有很多,但是需要同学们自己去探寻,寻找适合自己的"作战曲",采用更多方法来改变拖延。无论成败,无论顺利与否,只要你开始行动,就是一种收获,你的每一点改变都将是一种成长,都将成为你今后行为的动力。)

【课后延伸与拓展】

打卡 7 天拖延作战							
挑选至少一部拖延作战曲。列出具体方案,每完成一天,在对应的日期上画"√"打卡。可以贴在你的桌角或者放在笔袋内。							
本阶段我要练习的拖延作战曲是:							
我打算如何在学习或生活中使用这部拖延作战曲?							
第一天	第二天	第三天	第四天	第五天	第六天	第七天	

【反思与总结】

执行力对于高中生来说是一个比较空泛的概念,在活动的过程中,是否能激发学生参与的积极性和主动性,是活动设计时需要考虑的一个重要因素。另外,在活动过程中要时刻关注每个学生的听讲状态,设置更多的开放式问题,引导学生表达自己的想法,评估课程内容设置的合理性和有效性。

广东省佛山市南海区石门中学　黄国琼
本课例已发表在《中小学心理健康教育》
2019 年第 25 期

20. 如何打败唐僧团队

——提升自控力，改变不良习惯

【班会背景】

高中阶段是人生的重要转折点，在这个阶段，除了知识的学习与个人能力提升有着直接的关系之外，如何面对自己弱点也是一个重要的问题。引导学生树立成长型思维，直面可以改善的软肋，有计划、有目的、有信心地面对弱点，对于学生提升学习能力、完善自我有着重要的意义。很多高中生缺乏科学的认知，更喜欢"扬长"，不喜欢"补短"，缺乏自控力，弱点便成为制约个人发展的"痛点"。

【班会目标】

1. 知识与认知目标：让学生认清弱点对个人发展的影响，同时认清自控力较弱背后的深层原因。

2. 方法与能力目标：教会学生如何通过提升自控力来改善弱点，改掉不良习惯。

3. 情感与态度目标：引导学生正视自身的问题，有信心面对不完美的自我，有方法追求更好的自己。

【课前准备】

1. 提前打印好"30天成长记录卡"。

2. 沙盘（如果没有，也可以用 ppt 模拟）。

【班会过程】

一、运筹帷幄，决胜千里

1. 班主任把班级分为两个阵营：一个是唐僧团队，一个是山大王。

模拟情境：唐僧团队取经路上必须越过一座山，山里有一个山大王一定要吃唐僧肉，二者对垒，沙盘推演，到底谁会成功呢？

二者的具体实力如下：

山大王手下高手如云，还可以设置只有一项功能的法器。唐僧团队的四个徒弟较为团结，唐僧取经意志坚定，他们可以请一个武力值中等的神仙作为外援。

学生分两组讨论，山大王组先出招，唐僧团队组接招拆招，一共二轮。

山大王组代表1：唐僧团队里武力值最高的要数孙悟空，我们先派人离间孙悟空和唐僧，设计一个可以录音的法器，偷偷录下唐僧的紧箍咒，然后循环播放，孙悟空疼痛难忍之际，高手降服其他人，就可以抓到唐僧啦！

唐僧团队组代表1：我们要请雷公，让他不断地打雷，用雷声干扰录音机播放的声音，孙悟空得以保全，这样他们就没有胜算。要知道，谁的武力值也高不过齐天大圣，正面硬刚的话再厉害的妖怪都不是对手！

山大王组代表2：我们设计的法器，它的功能是可以变出一个六耳猕猴，它的武力值可以和孙悟空相媲美，让他缠住孙悟空，我们再派一位美女引诱猪八戒，派个高手打败沙悟净和白龙马，那样唐僧就唾手可得了！

唐僧团队组代表2：我们可以请如来佛祖收服六耳猕猴！

山大王组代表2：情境设置里说你们只能请武力值中等的神仙！

唐僧团队组代表3：我们可以请观音菩萨也给六耳猕猴带一个紧箍咒……

唐僧团队组代表4：还可以劝说六耳猕猴和我们一起去取经……

师：从两个阵营不断对垒的过程，我们看到，山大王组主要攻击的都是唐僧团队的软肋：唐僧多疑、悟空好斗、悟能好色、悟净和白龙武功不高；同样的，唐僧团队也是针对法器的弱点进行有效的反击，所以很多时候，最强大的敌人不是别人，而是我们自己！

设计意图 通过学生们的排兵布阵，沙盘演练，让学生领悟人的弱点常常成为自我发展的最大禁锢。觉察是改变的开始，意识到这个问题后，才能够反观自身的弱点，明确究竟是什么牵绊住我们成长的脚步。

二、号脉开方，探寻源头

师：同学们，为何好色、好斗、武力值差成为唐僧团队的软肋？请各位为他们三人把把脉！

生1：我觉得猪八戒好色是因为追求嫦娥不成，被狼狈地赶下凡间，这成为了他的心病，可能会给自己贴上了"好色"的标签，偏偏又投生成一只猪，对自己的欲望不加节制，便被色心所困。

生2：孙悟空武功高强，心高气傲，去天庭做官，没想到成了"弼马温"，自尊心受到了打击从而大闹天宫，自此之后经常利用高超的武功来证明自己，形成"好斗"的特点。

生3：沙悟净本来就是个卷帘大将，武功并不高，加上在流沙河里吃来往的行人，都是些没有武功的凡人，自然不会激发出他的超越自我的意识。小白龙是海里的动物，在陆地上不适应，年纪轻轻就被父亲告发忤逆罪，所以武功不高。

师：大家说得都很有道理，一个人的弱点很多时候就是他发展的禁锢，对于一些没有办法改变的事实，比如小白龙的原生家庭，我们要乐观接受，而对于一些因为自控力不强而产生的弱点，我们要勇于面对，积极改变！俗话说"知人者智，自知者明"，今天，我们就为自己号脉，思考两个问题：

（1）我最大的软肋是什么？

（2）它产生的原因是什么？

师：我不喜欢运动，小时候在农村长大，体力劳动是日常生活里非常重要的内容，所以没有锻炼身体的意识。现在没有农活可做，运动量不够，所以身体出现了很多亚健康的问题。

生1：我有拖延症，比较懒散，不到最后一刻，不愿意做。背后的原因可能是懒吧，喜欢逃避压力。

师：这个拖延症对你哪个学科或者哪个方面影响最大？

生1：数学吧，我不太喜欢学数学，数学比较差，能拖就拖。

生2：我写字太丑，下定决心练了很多回，但是都以失败告终，主要原因可能是从小练字的时候太着急去打游戏了，没有打好基础，后面越写越没有自信，现在想要提高就很难了。

生3：我上课老是走神，专注力不高，我曾经尝试很多次提高专注力，但是都没有什么效果，主要原因可能是有一阵子听不懂课，开始自己学习，不听课，养成了这一习惯，总觉得老师讲得太慢。

师：感谢大家勇于开放自我，大家所分析的原因停留在问题产生的层面，那么我们在改善软肋的过程中还有哪些原因牵绊住我们改变的脚步呢？一些心理学家根据长期的研究给出了一些原因分析，我选出几种和高中生比较相关的，内容主要出自《自控力》[1]这本书，大家看看有没有切中自己的脉：

（1）因为目标不明确而导致注意力分散，"一心多用"最后"竹篮打水"。

（2）难以自控时，常常陷入自我批评、自我压抑的思维陷阱中，为了应对这种内疚，又"破罐子破摔"，陷入"那又如何"效应，导致问题没办法真正解决。

（3）"道德许可"的作祟，一旦取得了一定的成绩，就必须奖励自己，比如：减肥一周奖励自己一顿大餐，心理上把暴饮暴食合理化，把"想做的

---

① [美]凯利·麦格尼格尔.自控力[M].王鹏程，译.北京：北京联合出版公司，2021.

事"变成"必须做的事"。

（4）向明天赊账，对明天充满自信，做事的专注度、严谨度、完成度都会打折，永远在疲于奔命、应付了事。

（5）光环效应的欺骗，很多事物的优点形成了一种光芒，掩盖住它的问题，比如：沉迷小说也是一种学习、打益智游戏对提升智力有用……

师：同学们，根据以上的学习，请大家填一下自己的"30天成长记录卡"，把自己的弱点和这个弱点之所以存在的原因先写下来，至于方法，等一下再填写。

学生姓名：		成长目标：	
弱点：			
原因：			
方法：			
日期	是否完成	每日心得	注意事项
×月×日			
……			

设计意图　教师通过自我开放策略，让学生打开心扉，洞察自我的弱点，并思考背后的原因，再通过相关心理学知识的普及，让他们从更加理性的角度去思索弱点背后的深层问题，为下一步寻找解决方案做好准备。

三、从"心"开始，跬步千里

师：有些学生填写的成长目标看起来就很难达到，比如，"提升数学成绩30分""每天跑步五公里""上课再不走神"，大家觉得这样列计划，成功率会高吗？

生1：很难达到，我常年跑步我比较清楚，想要养成跑步的习惯是一个循序渐进的过程，没有基础的人想要每天跑步五公里，其实是很难的，我建议改成每周最少跑三次，每次最少30分钟，这样就不会一味地追求距离而加快速度了，因为速度是可以慢慢提升的。

师：这位同学说得很对，在《掌控习惯》[①]这本书里也有相类似的看法，要把目标具体化、细化，这样才会减轻心理压力。科学的方法能让我们做事达到事半功倍的效果。为了准备这节课，我读了很多相关著作，把一些很好用的方法介绍给大家，大家可以从中挑选适合自己的方法（并非书中原话，是经过笔者个人解读后的内容）：

（1）行动具体化、细化。着眼于每天一个小任务小目标，经过一段时间的坚持，就能够成为一种习惯，比如"提升数学30分"改为"除了完成作业之外，每天做两道数学题，一周弄清楚一个重要的知识点"，这样做起来清晰多了，同时"弄清楚知识点"是以结果为导向的，不是盲目地刷题就算完成任务了，还需要思考和整合。

（2）绑定：将新的计划和原有习惯或者兴趣爱好绑定，和有同样习惯的人组队。这种方式非常好用，比如A同学经常跑步，你可以和他组队一起跑；如果你很喜欢玩游戏，可以每玩一个小时游戏就做一道数学题。

（3）创造合适的外部条件，远离诱惑。比如，桌面收拾干净，学习资料合理摆放，喜欢抠脸抠手的学生剪短指甲或者戴一个手套，总是玩手机就可以把手机锁起来并把钥匙藏起来，总喜欢玩某款游戏，就把那个游戏程序藏到手机众多文件夹之中……总之，让自己远离诱惑。

（4）善于运用"两分钟法则"。根据"飞轮"效应，万事开头难，就像要使静止的飞轮转动起来，一开始必须大力去推，但是一旦飞轮动起来，只要很小的力气就可以让它高速转动。所以不用多考虑，遇到该做的事情，先做两分钟再说，比如，跑5公里觉得压力很大，那就"先跑十分钟再说"，

---

① ［美］詹姆斯·克利尔.掌控习惯[M].迩东晨，译.北京：北京联合出版公司.2019.

一般情况下，跑着跑着不知不觉就跑了很远。很多事情都是这样，一旦开始了就不容易停下来了。

（5）及时奖励。当自己完成了每日任务之后，要给予自己及时的奖励，比如往储钱罐里放一枚硬币（曲别针也可以），或者每日在计划表上打卡，让奖励"可视化"，这样心里会更喜悦更有斗志。

师：以上的方法都是经过很多心理学家反复实验后得出的，非常有效，大家可以根据这些内容把我们的"30天成长记录卡"里的"方法"和"注意事项"填写一下，我自己也写了一个"每天运动十五分钟"的"30天成长记录卡"，我们一起贴在教室后面的宣传栏里，每天打卡，互相监督，只要30天完成24天，就算是胜利！让我们一起成长吧！

豪情壮志立云端，高扬旗帜入新年

学生姓名：杨欣禧		成长目标：每天高效学习竞赛至少2.5h	
弱点：注意力分散，效率低下			
原因：注意力分散，道德许可使自己自以为完成了很多			
方法：具体化：将每日竞赛任务细化、量化，逐个击破			
日期	是否完成	每日心得	注意事项
12月8日	是	第一次完成各件务还挺欣慰的	睡眠要保证！否则精力涣散！
12月9日	是	比昨天好一些，完成度还行	
12月10日	是	定任务去虚高导致难以完成	多合理制订计划！
12月11日	是	效率不错，任务完成得很好	

设计意图 唤醒意识只是改变的第一步，很多人"听了一辈子道理，依然过不好这一生"，主要的原因是没有迈向第二步的指南：科学的方法和积极的环境。通过科学方法的指导和集体打卡活动，在班里营造一种团结奋进的氛围，让大家一起向着各自的目标有计划、有方法地努力前行！

【反思与总结】

本课帮助很多学生逐渐改变了自己的一些问题，对于促进学生成长有切实可行的效果。主要的问题有：班主任需要开放自我，同时，与学生共同设立成长目标，并且以身作则，才会达到更好的效果。对于学生设定目标大而空的问题要给予更加具体的引导，利用"小步子"原理来引导学生逐渐树立信心，为实现目标而努力！

广东省佛山市南海区石门中学　丁黎敏

高三篇

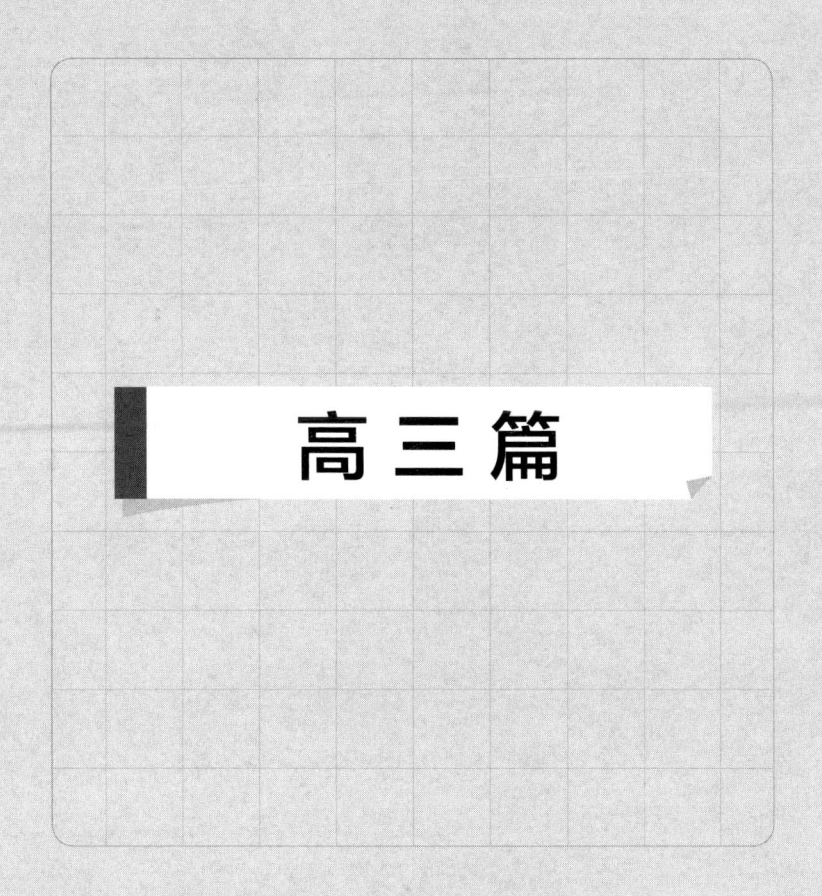

21. 根深叶茂，本固枝荣

——洞悉家国关系，增强爱国信念

【班会背景】

随着中国经济的发展，我们国家对教育的投入越来越大，对人才越来越重视。青年强则国家强，青年兴则民族兴，青年是国家的未来、民族的希望。根据习近平总书记的指示，我国要加快建设科技强国，实现高水平科技自立自强，必须能够在全球范围内吸引人才，留住人才，用好人才。

本班为理科竞赛有为班，同学们成绩优异，日后将会成为科技类高端人才，但同学们对国家的发展没有清晰的认识，甚至有些学生觉得国家发展和个人直接关系不大。提高学生的爱国认识，培养爱国主义情感，促进学生将祖国的发展与个人的职业规划、个人命运紧密联系，这是高中爱国主义教育的重点。

心理学原理：马斯洛需要层次理论、自我表露技术、自我认识的同一性。

【班会目标】

1. 知识与认知目标：了解新时代的爱国主义精神内涵，了解国家发展与个人命运息息相关。

2. 方法与能力目标：正确看待国家发展与个人发展中出现的曲折性过程，提高自身科学学习能力。

3.情感与态度目标：树立新时代科技强国的意识，培养家国情怀，提高爱国认识，加深爱国情感和促进爱国行为。

【前期准备】

1.学生采访祖辈、父辈，了解国家的哪些新发展、新政策影响了家族的发展，绘制自己的家国发展史。

2.学生调查中国目前的发展软肋。

3.制作班级家国树，贴在黑板上，上面有很多树叶，每一片树叶上写一位名人，简述他的事迹。

【班会过程】

一、我的家国树

从祖辈到父辈到我辈，国家的哪些政策的变化与家族的发展相关？

师：同学们，我们总觉得政治离我们很遥远，国家大事与高中生的日常生活也很遥远，所以周末让大家采访自己的祖辈和父辈，采访的问题是："国家的哪些新发展、新政策影响了家族的发展？"由此绘制属于自己的家国树。不知道这个活动之后，大家有什么新的感受呢？哪位同学来和我们展示讲解一下呢？

生1：这是我的家国树，对我家族影响最大的国家事件就是1977年恢复高考，我爸爸在1985年考上了大学，从北方的大山里走了出来，成为了一名水利工程师，改善了我家的生活环境。在他的影响下，我的哥哥考取了华南理工大学，今年读研究生了。

生2：我爷爷是1978年改革开放后第一批来到深圳打工的人，那时候他身上只有几十块钱，从做苦力到做生意，刚开始生意做得比较小，后来我爸爸读完大学后接替爷爷的位置，改变了公司生产的方式，从那以后我家的厂子越来越大，很多同村人都来我家的厂子工作。

生3：这是我的家国树，我爷爷是军人，他参加过抗美援朝战争，他在去年获得了"光荣在党50周年"纪念勋章,在他的影响下,我们家族都以为社会做贡献为自己的奋斗目标。我爸爸是一名医生,在新冠疫情抗击战中,他冲在了第一线,我希望将来有一天可以像他们那样为国家和社会做贡献。

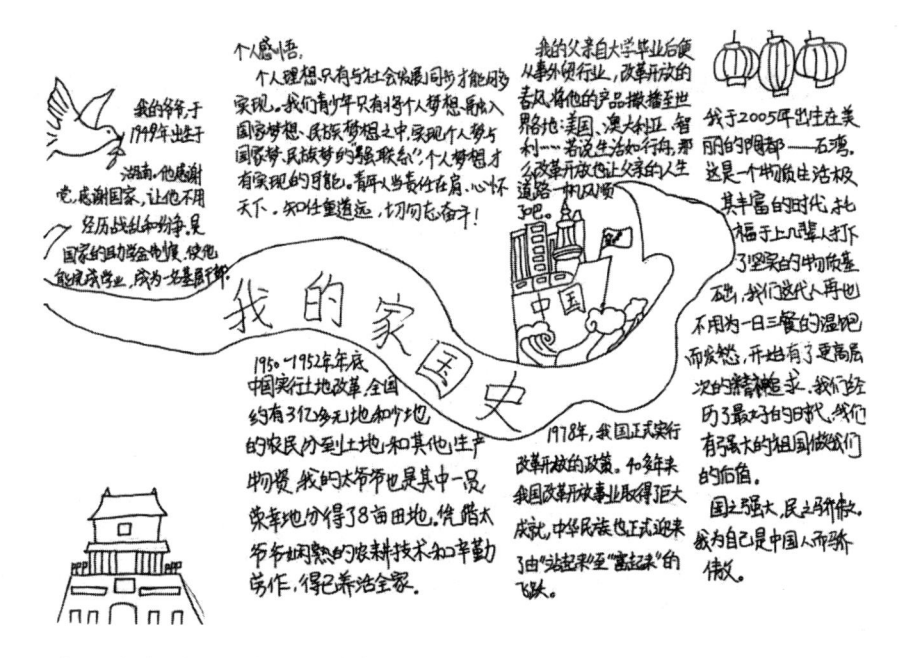

师:大家说得很好,大家都提到了国家政策给我们的生活带来了正面的影响和作用,那有没有哪些政策是给我们带来了挑战?

生4:爸爸因为国企改革下岗了,家里生活陷入了困难,全家从那时候起生活比较困难,这几年因为努力奋斗生活有了起色。后来因为疫情影响,父母的工作受到了很大的影响。

师:说得非常好,国家的发展是呈波浪式前进和螺旋式上升的,无论是下岗还是疫情防控,这些政策的调整都是国家为了更长远、更健康地发展所做的。由此我们发现,原来国家发展和个人之间的关系如此深刻、紧密。我给大家展示一下我的家国树:我出生在黑龙江的大山村里,小时候家里很穷。后来,我们镇上通了一条铁路,有了火车站。从那以后,村民有了很重要的收入来源,那就是卖山货,也是这样,我爸爸妈妈把我和我

21. 根深叶茂,本固枝荣 · 167

姐姐送入了大学。那时候大学扩大招生，所以即使我俩没有特别好的教育环境，依然借着大学扩招的东风走进了大学。大学毕业后，很多的专业研究生都是免费就读的，所以即使我家庭条件不好，依然免费读了研究生，那时候我很努力，还拿到了 2 万元的国家级奖学金，最终成为了一名人民教师。

设计意图 通过对家长的采访，让同学们感知到国家的进步和发展对个人有着重要的影响，这样的体验能够促进他们关心家族发展史，关心国家事件，有主人翁精神。

二、最美的树叶评选

师：同学们，黑板上的这棵大树就是我们的祖国，这上面绘制了很多树叶，每个树叶代表一个人或者一个群体，你觉得哪片叶子最美？为什么？

第 1 片叶子：钱伟长	以中文和历史两个 100 分的成绩进入清华大学历史系。"九一八"事变后，钱伟长决定弃文从理，转学物理系。"国家的需要就是我的专业"，为此他涉猎了 16 种不同的专业和领域，被人称为中国近代"力学之父""应用数学之父"。
第 2 片叶子：曹原	中科大少年班的毕业生、美国麻省理工学院的博士生，发现石墨烯超导现象，在全球顶尖学术期刊发表 5 篇论文，后拒绝加入美国国籍，回到中国继续进行超导研究。
第 3 片叶子：黄文秀	广西壮族自治区百色市乐业县新化镇百坭村驻村第一书记。在她的努力下，2018 年百坭村 103 户贫困户顺利脱贫 88 户，贫困发生率从她上任时的 22.88% 降至 2.71%。2019 年 6 月 17 日凌晨，黄文秀从百色返回乐业途中遭遇山洪因公殉职，年仅 30 岁。
第 4 片叶子：胡小燕	从四川广安农村到珠三角，在佛山某陶瓷厂打工，因其努力工作被评为"十佳外来工"，后成为首批来自农民工群体的全国人大代表。
第 5 片叶子：韩红	歌唱家，慈善家，曾经参加过汶川地震救援等活动，成立"韩红爱心慈善基金会"。
第 6 片叶子：李子柒	四川的一位农村姑娘，通过拍摄精美视频，介绍美丽中国、美丽乡村，传播中国优秀传统文化，在国际上也享有很高的知名度。
第 7 片叶子：吴桂春	湖北农民工，因热爱读书，在东莞读书馆留言而受到关注，成为该图书馆附近小区一名绿化养护工作人员，并成功办理了图书馆借读证。

续表

第8片叶子： 中国青年	疫情期间，医学院报考人数大幅增多；更多青年理性讲述中国故事；佩洛西窜台期间，很多青年在网上声讨。
第9片叶子： 外流人才	学成之后定居他国，相比国家发展他们更关心个人的发展。

学生畅所欲言，也可以在这9片叶子之外讲述其他中国人的故事。

师：同学们说得很好，从大家的分享中，我感受到了我们评价一个人或者一个群体的时候，都会把是否热爱自己的祖国作为一个很重要的标准，根据埃里克森提出的自我同一性理论，是否热爱自己的祖国其实是是否认同自己是中华民族这一身份。很多人喜欢说"科学、艺术无国界"，其实这是一个伪命题。科学家、艺术家都是有国界的，一次次大国之间的较量无不证明着：科学家是有国界的，祖国的利益高于一切。所以我希望同学们都能在自己的未来人生规划中，把为国奉献作为很重要的动机之一。根据马斯洛需要层次理论，人的最高需要是自我价值实现的需要，而真正的自我实现，就是把个人的命运与国家命运相连，让国家因我的存在而变得更好一些，这样的成就感与荣誉感是其他外在物质无法实现的精神愉悦。

设计意图 职业不分高低贵贱，重要的是让同学们把热爱祖国作为评价的要素之一，认同自己是中华民族的子孙后代，不光把物质财富作为职业选择的一个标准，还要在更高层次上感受个人价值的实现往往和国家发展紧密相连，能够扣好人生第一颗纽扣，树立正确的职业观。

三、从树根至树叶

从家国树上看到国家的变化，明确现阶段的国家发展软肋是什么，把个人的人生发展链接于祖国的发展。

师：无论是从大家的家国树上，还是在最美树叶活动中，我们都能看到一个字，就是"变"，我们的国家在逐渐地变得更加美好，从十年动乱到恢复高考，从恢复高考到大学扩招，从大学扩招到教育改革，在这些变化中，一代代的人也实现了自己的理想，可以说个人的发展和国家的发展是同向同时的。那么在当今中国，我们的发展软肋有哪些呢？我们把这些一一列出来，为大家在树立理想的时候做一个指引。

（1）国际上负面舆论多，被抹黑，被妖魔化。

（2）缺乏核心技术，很多科技领域发展速度慢，与西方差距较大，如"芯片"。

（3）人口增长速度慢。

（4）外国敌对势力侵入现象较多，信息安全问题亟待解决。

（5）人口素质普遍不高。

……

师：大家列举了这些问题，那么有没有同学能够谈一谈，自己的职业规划里，有没有把当今中国社会的问题纳入职业选择的考虑范围中？你觉得如何努力才能使得中国越来越好？

生1：我国在国际舆论方面不占优势，经常是因为缺少有影响力的"传播媒介"，比如传统的能在国外有较广泛收视率的电视频道、电台，或者是现在的油管、脸书"大V"，我英语还可以，希望用自己的优势，做自媒体，在国际上为中国发声。

生2：2018年美国制裁华为，后来中兴、中芯国际也没逃过美国的魔爪，从此我国开始真正重视和解决"卡脖子"问题。我想学习通信技术专业，不让祖国再受到美国的打压，走出"无芯片可用"的尴尬境地。

生3：我将来想做高科技环保专家，响应习总书记提出的2030年前实现碳达峰，2060年前实现碳中和的号召，为国家走一条高科技、复合型的可持续发展道路尽自己的一份力。

生4：我将来也想做一名老师，去影响更多的年轻人，让他们能够提升自己的思辨能力和个人素质，能够充盈自己的精神世界，同时做到理性爱国、理性沟通，不做键盘侠。

……

设计意图 引导学生理性分析当下中国的问题，明白发展是需要时间、需要每个人去努力的，当问题出现时要更多关注的是"怎么做"而不是冷眼旁观或跟风指责，同时也引导学生们早立志、立大志，为中国梦的实现贡献自己的力量！

【课后延伸与拓展】

1. 给台湾同胞写一封信，讲述中国故事。
2. 开辟"关心国事"时评宣传栏，每周更新"国家大事谈"资料。

【反思与总结】

爱国主义教育应包括提高爱国主义认识、加深爱国主义情感和促进爱国主义行为，要让青少年意识到爱国可以是身边的一件不起眼的小事，也可以是满腔热情地报效祖国。在现今时代，更为突出的爱国主义表现形式应是科技强国。如何引导学生立志将所学报效祖国，是高中爱国主义教育应该思考的问题。本节课唤起了同学们的爱国主义情感，在一定程度上让同学们愿意将个人命运与祖国发展联系起来。但由于爱国主义的相关活动形式比较单一，未能产生很好的互动效果。

广东省佛山市南海区石门中学　丁黎敏　胡逸涵

22. 所愿皆成真

——巧借 WOOP 思维，提升愿望实现能力

【班会背景】

又是一年一度的元旦，"迎元旦"这个班会主题，对于师生来说是老生常谈，因此班会课很容易流于形式，或简单重复"回忆过去，展望未来"的流程，或举办班级文艺表演和"大食会"等热闹的活动，难以真正走进学生的内心，促进学生的精神生长。今年学生处于高三的人生关键节点，他们对高考和未来既憧憬期待，又忐忑不安，而在这辞旧迎新的特别时刻，班主任能做点什么？给学生提供怎样的精神食粮？想起手上还有学生去年写的愿望清单，于是想从"新年许愿"入手，谈谈许愿的意义在哪里？而到年末回顾的时候，不少学生总是愿望落空，原因又何在？怎样才能"心想""事成"？

许愿，不仅仅是说说而已，愿望的达成，少不了切实的行动，WOOP 思维可以为我们提供努力的方向。WOOP 思维，即"心理比对"，是由美国著名心理学家加布里埃尔·厄廷根在《WOOP 思维心理学》中提出的一个实现目标的思维理论。希望这节班会可以为同学们的高考加油，更为他们日后的人生助力。

【班会目标】

1. 知识与认知目标：帮助学生找到愿望落空的原因，了解 WOOP 思维的原理及运用方法。

2.方法与能力目标：帮助学生熟练掌握 WOOP 思维方法的运用，提升学生实现愿望的能力。

3.情感与态度目标：体会元旦节日带来的希望气息，感受愿望实现的喜悦，以更加轻松、认真、自信、坦然的姿态迎接高考。

【课前准备】

准备学生的愿望清单；准备愿望纸和愿望树。

【班会过程】

一、看图猜字：谈许愿之意义

师：昨天老师收到了一张贺卡，觉得特别有意思。大家看，这张贺卡有两个甲骨文，大家能猜到是什么字吗？它们分别对应画面哪两个构图元素？

学生很容易看出是"元""旦"，"元"对应的是海边的人，"旦"对应的是远方初升的太阳及地平线。

师："元"的本义是首、头，代表开始，"旦"象征新生和希望，"元旦"有新春伊始，万象更新之意。人凝视着冉冉升起的太阳，代表着对希望的追求和对美好的向往。每当这个时候，我们总特别喜欢做一件事，去年的这个时候我们也一起做过，还记得吗？没错，就是许愿！许愿有什么意义呢？

（学生自由回答）

师：我们许愿，说明我们心怀期待，而当我们对某件事情怀着非常强烈的期望时，我们所期望的事情很可能就

会发生。如果一个人有信心，对自己怀着期望，那么他就会朝着自己所期望的方向发展。所以，许愿其实就是一种心理暗示，具有激励行动、监督自控的作用，当然，还可以抚慰心灵。

设计意图 由元旦贺卡导入，贴近生活。通过讨论贺卡上"元旦"二字两个构图元素及其意义，体会元旦这个时间节点的神圣性，唤起学生去年写愿望清单的回忆，激发他们参与活动的兴趣，为进一步充分讨论许愿的意义铺垫感情基础。

二、愿望清单大比拼：探愿望落空之原因

给学生下发去年写的愿望清单，学生非常兴奋。

师：请大家对照自己去年写的6个愿望，计算出愿望实现的比例。

学生表情各异，交头接耳查看彼此的愿望清单，并比较愿望实现比例。有心满意足、会心一笑的，也有十分懊恼、垂头丧气的……但没有人是全部愿望都实现了的。

师：请大家聚焦那些自己没有实现的愿望，想想这些愿望为什么落空了呢？

学生自由讨论，老师认真倾听，并适时引导大家从内因方面继续探讨。

老师给学生呈现以下落空的愿望：世界和平、挣一个亿、买彩票中500万、去外太空旅行、没有作业、不用考试。

师：大家看，这些愿望想想都很美，但我们当时限定实现愿望的时间期限是一年，显然这些愿望就不能实现了。所以，我们许下的愿望应该是符合实际的、具体的、具有可行性的、可测量的，类似于我们说的目标。

例如：小洋和小成都许下了要减肥十斤的愿望，但一年过去，小洋实现了自己的愿望，小成却没有，这又是为什么呢？

小成很是苦恼，说当他想跑步的时候总是下雨，想控制饮食的时候又有社团聚餐，好像总是有很多意外的因素阻止自己的行动。小洋笑了笑，说他之前就想好了，如果下雨，他会选择跳绳，如果有聚餐，尽量不参加。

1999年，研究人员在美国加州大学做了一个实验。在考试之前，研究人

员把学生分成了三组：第一组学生，他们每天花几分钟，幻想自己取得优秀成绩的积极结果。第二组，每天要花几分钟去想一下，自己面临的考试有哪些困难之处，自己需要解决哪些难题。第三组是对照组，他们不需要刻意做什么事情，像平时一样就好了。大家猜一下到底哪一组测试的结果最好呢？

（学生自由回答）

师：第二组的成绩最好，成绩最差的是第一组。刚刚很多同学觉得第一组的学生畅想取得优秀成绩的积极结果，表现了乐观的品质。的确，对积极结果的向往能够增强我们的学习动力，它就像一盏明灯一样鼓舞着我们奋勇向前，更有利于愿望的实现。不过，第二组的同学，在畅想的基础上，更有了进一步的行动，他们每天给自己找困难，但其实他们是在脑海中一遍又一遍预演在愿望实现过程中可能遭遇的问题，并且努力寻找解决问题的途径，而当问题真正出现的时候，他们就可以坦然应对了，就像成功实现愿望的小洋一样。那为什么第一组的同学成绩最差呢？我们注意到，他们是"幻想"自己取得优秀成绩的积极结果，也就是只停留在了想象中并没有采取任何行动。当他们越沉浸在对未来成绩的美好想象里，就越会忽视真实世界需要付出什么样的努力，从而离理想的目标就越远了。

【设计意图】 从学生落空的愿望入手，探讨其背后的原因，符合学生实际及认知规律。通过归纳总结与相互对比的方法，得出答案，并通过介绍科学研究实验，加深学生印象，为引出WOOP思维方法做铺垫。

三、WOOP思维：寻愿望实现之方法

师：要实现愿望，首先愿望应该是符合实际的、具体的、具有可行性的、可以测量的，想象愿望实现后的积极结果可以给我们带来信心和能量，但千万别忘了还需要设想愿望实现过程中可能会遇到的障碍，并且拟定克服障碍的方法。这就是非常著名的WOOP思维。WOOP思维，即"心理比对"，是由美国著名心理学家加布里埃尔·厄廷根在《WOOP思维心理学》中提出的一个实现目标的思维理论。

WOOP思维包括四个步骤：第一步——W（Wish，愿望），说出愿望，把

你想要做的事情或想达成的目标，清楚地写下来；第二步——O（Outcome，结果），描绘结果，描绘出你所要的最满意的结果；第三步——O（Obstacle，障碍），找出障碍，在脑海中预测达成目标的各个环节可能遇见的所有障碍；第四步——P（Plan，计划），制订解决障碍的计划，在这个步骤里有一个非常方便的公式：如果怎么，就那么。[1]

学生实现愿望时常见的障碍可分为内在的障碍和外在的障碍。内在的障碍与学生个人有关，包括心理、习惯、品质等，如自我怀疑、懒惰、拖延、缺乏耐心、缺乏毅力等。外在的障碍与外在环境有关，如不利于愿望实现的环境、突如其来的任务、他人的干扰等。克服内在障碍，需要多给自己正向的激励，增强信心，激发内在驱动力，提升自控力与执行力，借助外来监督的力量等。克服外在障碍，需要多用替换思维，努力平衡自我需求与外在要求的关系，分清事情的轻重缓急，排除外在干扰，提升自我效率等。

教师提供典型事例，学生运用WOOP思维进行演练。

W：每天下午放学后阅读30分钟课外书。

O：语文阅读能力和人文素养提升，语文成绩取得进步。

O：（1）当天作业很多。（2）好朋友约我去吃饭。（3）自己觉得阅读很枯燥，不想坚持了。

P：（1）如果当天作业很多，就抓紧利用平时娱乐的零碎时间来写作业，保证预留足够的时间来阅读。（2）如果好朋友约我去吃饭，就跟他说明情况，并跟他商量等我阅读完之后再去。（3）如果自己觉得阅读很枯燥，不想坚持了，就调整阅读心态，更换阅读文本，重新发现阅读的乐趣，还可以在每天完成阅读后给自己一些小奖励。

让学生从去年落空的愿望中挑选一条，利用WOOP思维再次演练，直至能熟练地掌握WOOP思维方法。

设计意图 探究清楚愿望落空的原因后，寻求实现愿望的方法，自然引入WOOP思维方法。利用WOOP思维方法，能有效帮助学生在学习上或生

---

[1] 李兵，黄凤平.心理健康主题班会[M].广州：广东人民出版社，2021：124-125.

活中实现既定的目标。经过共同的和个性化的两次演练，让学生熟练掌握这种思维方法。

四、愿望上树：让愿望看得见

请学生聚焦今年高考，许下一个和学习有关的愿望，实现愿望的期限为一个月，利用WOOP思维方法写在愿望纸上，并将愿望纸挂在教室前方的愿望树上。

设计意图 借助WOOP思维方法，为高考助力。另外，将愿望外显化，被别人看见，可以增加仪式感，学生会写得更为认真，而可以时刻看到自己的愿望，学生执行起来也会更加积极，更有动力。

五、做彼此的愿望守护人

学生到愿望树查看班级同学的愿望纸，找到和自己愿望相似的同学，两人签约成为彼此愿望的守护人，在接下来的一个月彼此监督鼓励，见证愿望的实现。

设计意图 充分发挥朋辈效应，让学生在实现愿望的道路上找到自己的"重要他人"，也成为同学的"重要他人"，彼此借力，共同成长，提高愿望的实现率。

师（小结）：愿望不等于幻想，只有借助科学的方法，脚踏实地去执行，所愿才能成真。在这辞旧迎新的时间节点，在你们一跃成年的关键时刻，学会运用WOOP思维方法，对自己的愿望负责，便是对自己的人生负责。

【反思与总结】

1. 愿望清单需要提前准备，如无法准备，可课前安排一份调查问卷，调查学生去年是否有许愿，许了哪些愿望，愿望的实现情况等，或由老师提供以往学生的经典案例。

2. 每个班的班情不同，案例的选择要有代表性和典型性，既要符合班级同学的实际，可引起共鸣，又要能体现心理学的原理，将心理学原理落到实处。

3. 如果时间允许，也可将"做彼此的愿望守护人"这一课后延伸活动纳入课堂，调动气氛，让学生在心中留下更深刻的印象。另外，老师需特别关注班里人际关系较差的同学，引导其他同学和他结对，或者可以在课后将学生按愿望类别分类，采取抽签的方式给学生配对。教师课后还需关注学生的活动进展，为有困难的学生提供帮助。

4. 愿望树可以选用绿植，如桂花树等，契合高三学生备考氛围，有勇夺桂冠之意，也可号召学生手工制作或绘制，尽可能精美且耐用。课后延伸活动以一个月为期限，可以每个月月初更新一次愿望树，月末做好总结，让愿望树常新常青，成为班级的一道靓丽风景线。

广东实验中学　刘清清

23. 零和博弈还是正和博弈？

——在竞争中合作，在合作中进步

【班会背景】

进入高三后，同学们面临学习任务重、难度深、压力大的状况，这要求同学们有更高的积极性和主动性，但同学之间的相互交流和信任度都有所下降：成绩优秀、信心满满的学生只关注自己和更优秀的竞争对手；成绩一般、前途迷茫的同学乐于请教别人，与人合作，但成绩提高不快；成绩较差、自暴自弃的学生懒得合作。

由心理学家卡尼曼和西蒙提出的决策心理学是解释人类在不确定的条件下如何做出判断的。我们每个人都有自己的一个心理账户，让人们对于每一件事都在心里有一个权衡和判断。人们通常会根据自身的情况，选择最大价值的行为对策，所以人类往往是基于有利方向选择竞争或合作，以及竞争与合作的方式、时间、程度等。

本节班会课运用决策心理学原理，通过故事情境，引入心理游戏，希望同学们更多参与进来。一方面让他们明白在学习和生活中会存在许多与竞争对手合作的机会，另一方面，引导他们积极与人合作，学会合作技巧，正视竞争与合作中的困难，保持正确的心态，最终实现双赢。

【班会目标】

1. 知识与认知目标：帮助学生认识到合作与竞争之间的关系，认识到合作与竞争在社会中的普遍性。

2.方法与能力目标：通过体验、讨论、分析等环节促进学生的分工与合作，将活动中的收获运用到现实学习生活之中，提高在合作中竞争、在竞争中合作的能力。

3.情感与态度目标：帮助学生在学习和生活中积极融入团队，增进感情，直面与对手合作时内心的担忧，正视竞争，树立积极的竞争心态。

【课前准备】

1.在教室的多媒体平台上提前准备好需要播放的视频资料。

2.提前把班上的同学分组，1个裁判和4个组员为一组。裁判给每位组员发放4张空白游戏卡片，裁判也要准备16张空白卡片。

3.提前布置学生按组别录制"合作与竞争"主题的视频。

【班会过程】

一、视频导入：竞争两败俱伤，合作才能共赢

这是一则动漫故事：一个部落猎人艰难地爬上了悬崖。他惊喜地发现，在他所处的悬崖边与另一座悬崖的缝隙中有一个鸟窝，里面有五个又大又白的鸟蛋，猎人赶紧用他携带的两根长矛去夹取窝里的蛋。第一次，猎人左右手各执一根长矛，轻轻地夹起蛋，可是蛋又圆又滑，夹不住，很快就掉进悬崖深坑里去了。第二次，猎人用同样的方法夹起蛋，可他后退的时候长矛触碰到身后的悬崖壁，蛋又掉进深坑了。第三次，猎人虽小心翼翼的，但还是失败了！他气急败坏，捶胸顿足。忽然，他发现对面的悬崖边上，有另外一个部落猎人也正拿着两根长矛在夹鸟窝里的蛋。他非常生气，马上用长矛阻止，两人开始激烈打斗，争斗中第一个猎人的矛不慎掉进深坑，正当他垂头丧气的时候，第二个猎人用矛夹起蛋，递到他的跟前来，他惊喜又感慨，接过对手递过来的蛋。这时他明白了，也接过对手扔过来的长矛，夹起鸟蛋递给对方。至此，两人通过合作都拿到了蛋。

师：同学们，看完视频，有什么感想？

生1：我们一个人办不到的时候，要学会与竞争对手合作。

生2：合作才能共赢。

设计意图 通过视频导入，引发学生对竞争与和合作的思考，并从视频中体验到良性的竞争与合作可以带来愉悦和成功。

二、公共账户游戏

游戏规则：45位同学分小组，1个裁判和4个组员为一组。裁判给每位组员发放4张空白游戏卡片，游戏过程中每位组员填写的数字是游戏的代金币。裁判还将从教师的手中领取到一个秘密锦囊。

假设有一个公共账户，账户余额为零。参与成员自主决定是否向公共账户捐献以及捐献金额的大小。当账户总额累积到一定量时便会产生公共物品，并增值1.2倍。组内参与成员都可以平均获得该资源。如果组内成员捐献的越多，公共账户的增值就越大，成员从中获利也越大。如果组内成员都不捐献，那么公共利益将无法维持。账户余额低于一定数值时，将会从组内每一位成员的账户上倒扣金额，以此作为惩罚。

每位组员有10元代金币作为原始资金，此时公共账户余额为零。甲、乙、丙、丁四人共同参与一个"红包博弈"游戏，即甲、乙、丙、丁均要决定从10元代金币红包中选择1个金额整数(0~10元)，写在空白卡片上给裁判，然后裁判将收到的4人红包的金额总和乘以1.2(增值1.2倍)后平均分给甲、乙、丙、丁。

如果4人捐献的红包总额低于一定数值(此数值由各裁判从教师的秘密锦囊中获得，不对外公布)，则要从每人的账户里一次性倒扣5元。游戏一共需要捐献4轮。最终本人账户上的余额最多者获胜。

在了解游戏规则后，举例说明。

（1）如果甲、乙、丙、丁捐献的红包金额分别为为4元、2元和1元和0元，总金额7元×1.2=8.4元，则4人最终分别获得2.1元的红包奖励。

（2）如果经过几轮后，甲、乙、丙、丁贡献的金额越来越少，直至账户余额低于一定数值,则要从每人的账户里各倒扣5元。

　　站在个人角度,账户里的资金最好能尽量地保留下来,最终获胜。站在集体角度,每个成员都要把资金捐献到公共账户,选择与他人合作。因此保留资金和捐献资金构成了竞争与合作的关系。我们应该如何在竞争与合作之中权衡利弊后做出正确的选择呢?在此游戏中,参与成员的贡献金额是测量指标,贡献金额越高,代表乐于合作的程度越高。

　　(生参与游戏并讨论)

　　师:请第三组的代表发言,你们这组的最终金额总体较高,你们在游戏的过程中是如何做到的?

　　生1:我们组一开始往公共账户里面捐献的钱也不多,因为想着我给的多了、别人给的少,到最后还是一样平均分,那我为什么那么傻?

　　生2:(补充发言)对,第二轮后大家给的钱就很少了,我只拿到了1元的红包,大家担心被倒扣,所以开始加钱,因为总金额会乘以1.2的嘛,所以我们发现给的越多,得到的其实更多。

　　生3:但我发现也不能每次都捐献太多,就是要把握好一个度。因为最终账户上余额最多的人胜出嘛。

　　师:请第五组的代表发言,你们这组是最少的,是因为什么?

　　生4:我只是想着别人多给一点,我少一点也没关系,反正别人也不知道嘛!(尴尬地笑了)

　　生5:我也是差不多吧,被裁判倒扣了5元后就没得翻身了。

　　师(小结):这个公共账户游戏是来自决策心理学的内容。在决策心理学里有一个有趣的前景理论,在确定的收益和"赌一把"之间,多数人会选择确定的好处。游戏里为什么一开始部分同学捐献比较多的代金币,但慢慢地捐献越来越少了呢?因为大家发现,哪怕自己在本轮捐献中捐得不多,也能获得一定的收益。既然如此,就没必要捐献更多,冒更大的风险了。另外游戏里倒扣5元,是对只索取不贡献的"搭便车"行为的惩罚,通过物质惩罚、声誉惩罚、信任惩罚等,这样可以有效地维持组内的合作规范,促进更好的合作。

游戏里我们都希望自己账户的金额比其他人高，这是竞争，但如果大家都不捐献，最终又会"几败俱伤"，所以还是要通力合作。个人利益与集体利益、眼前利益与长远利益的取舍是我们每个人时常要面临的博弈情境，是选择零和博弈，争个你死我活？还是正和博弈，通力合作，实现双赢？相信答案已经在你们心中了。

设计意图 通过游戏和讨论环节，让"在竞争中合作，在合作中发展"的思想深入人心。

三、变身主播

师：一个多月前，学校发出了举办"竞争与合作"主题的主播大赛的通知，经过大家辛苦的筹备，各组都已经录制好了比赛的视频，今天终于迎来了期待已久的展示时刻，下面请欣赏第一小组的录播视频。

师：现在请同学们打分，评选出最具创意奖、最深刻解读奖、最具情怀奖、最受欢迎主播奖、视频最精美奖。

（生观看视频，打分，投票）

根据同学们投票的票数，教师宣读获奖的名单。

师：在这次视频录制过程中，肯定有很多难忘的时刻吧，你们小组的成员有没有意见分歧？有没有体会到团队合作的力量？下面我们请票数最高的小组来分享一下吧。

（生分享交流）

师：这次举办以"竞争与合作"为主题的主播＋视频形式的大赛，最重要的原因是，高三的学习和生活需要良好的人际关系、良性的竞争与合作。你们既能从视频中感受到这一点，更能从录制视频的坎坷过程中体会到这一点。希望在高三这一年里，你们都能正视竞争，合作共赢，成为高考的赢家，成为人生的赢家。

设计意图 通过举办以"竞争与合作"为主题的主播大赛，让同学们在制作视频的过程中感受到通力合作与公平竞争，深刻体验竞争与合作的含义。

【反思与总结】

1.环节一的视频导入要选择有趣的，能引起学生思考并契合主题的视频内容。

2.环节二的公共账户游戏的注意事项包括：

（1）老师务必在游戏开始前讲清楚游戏规则，并举例说明，否则场面易混乱。

（2）要求每位同学在本子上记录自己每次捐献的金额和得到的金额，这样同学们更能直观地思考下一轮该捐献多少元代金币。

（3）秘密锦囊的设计是为了不让同学们提前知道金额底线，防止作弊。

3.环节三的主播大赛需要提前准备，利用周末或者节假日时间完成录制。报名后把参赛同学集中起来，也可以拉进微信群，由熟悉视频技术的人为他们进行指导或答疑。

大赛准备包括：一台高清相机或手机，自拍杆（有条件的准备云台稳定器），写好与视频内容有关的脚本，下载剪辑工具"剪映"，剪辑背景音乐及视频，最后完成录制。老师和家长应给予适当的支持。

4.这节课围绕"良性竞争与合作"的主题展开，通过公共账户的心理游戏，使学生在游戏中轻松领悟本主题。"主播＋视频"环节是通过现代传媒手段融入竞争与合作的主题，能锻炼学生动手能力和思维能力，更能让良性竞争与合作的观念深入人心。但赛前需要花费较多的时间做好充足准备，才能在短短的一节课上精彩呈现。

广东省茂名市高州新垌中学　张肖玲

24. 攀上高原吸点"氧"

——克服高三高原反应，重获备考后续动力

【班会背景】

学生在高三第一学期的末尾到第二学期的中期，经历了一段时间的兴奋期和斗志期后，容易出现一个奇怪的现象。具体表现为，学习效率低下，成绩止步不前，甚至有所下滑。在教育心理学中，将高三学生和老师为之苦恼的这一现象称之为"高原现象"。不少学生在高原期身心俱疲，越是用力学，越是不见进步，信心大受打击。如何在这关键节点帮助学生顺利度过高原期，以积极的心态迎接高考，是师生密切关注的问题。基于积极心理学和人本主义心理学的有意义学习理论，让学生葆有积极心态，并制定适合学生认知发展水平的方案，是问题解决的关键。

【班会目标】

1. 知识与认知目标：科学看待高原期，认识到这是高考生的普遍现象。学生能够对高原期进行正确归因，避免无谓的精神内耗。

2. 方法与能力目标：掌握系统的克服高原期的方法，包括学习方法调整和心理调节。

3. 情感与态度目标：学生通过调整，重获自信，打破习得无助感，锻炼良好心理品质。

【课前准备】

1. 提前联系往届的优秀毕业生，邀请回校。
2. 准备学生的匿名来信和家长的对话，呈现在 PPT 上。
3. 准备医生服装和道具。
4. 准备语文背诵材料。

【班会过程】

一、老班会诊巧妙导入

班主任穿着白大褂，戴着听诊器走入课室。学生一看，两眼发光，面露好奇之色。

师：各位同学，老师最近自学医术，已有一定成果。所以，今天开展免费义诊，给各位同学把把脉。

老师走到学生座位前，随机给几个同学把脉听诊。

师：××同学，你是不是最近食欲不振，精神紧绷，做事没劲，失眠多梦，尤其是在自主复习和大考之后，这些症状比较明显，并持续一段时间了？

学生听后很惊讶，七嘴八舌地说：我感觉我也有这个问题。

师（故弄玄虚）：这是"病"，得治。

设计意图 教师切换角色引起了学生的注意，激起他们对班会的兴趣。借助"把脉会诊"的活动，点明班会主题。

二、高原现象正确归因

班级设有班主任信箱，学生有什么疑难杂症，都可以通过给班主任写信进行互动。

师：最近我收到一些"患者"的来信，我们一起来看看，到底是什么问题。

（屏幕显示）：老师，又给你写信了。最近我发现我还是学不下去，每天的学习让我觉得非常窒息，老师在上面讲，我就在下面记，课后就去背，其实啥也没有记住。现在看到练习题就想吐。这次一模考试，我又比上次退步了一点点，好像无论怎么努力都出不了成绩，看到别的同学都在埋头学习，我真的很焦虑。为什么自己的付出得不到回报。麻了麻了，想躺平了……

师：大家看，窒息、看到练习题就想吐、成绩止步不前，这是很典型的高原现象。

（屏幕显示）：每年高三的1月到5月，经历了一段时间的兴奋期和斗志期后，学生会出现学习效率低下、成绩止步不前甚至倒退的现象。部分学生甚至出现疲倦、食欲不振、失眠等生理反应。这就是心理学上所说的"高原现象"。

师：阅读了同学们最近的来信，发现出现"高原现象"的同学不是少数。而家长又是如何看待大家的高原期呢？

（屏幕显示）：家长与班主任的微信聊天记录，已抹去个人信息。

潘老师好，最近发现×××的成绩没什么进步，周末放假在家也不想做作业，整天喊累。我看他就是还不够努力，不珍惜时间，请潘老师多督促他，谢谢。

学生看完，发出不满的嘟哝声。

师：其实这位同学是我们班中比较勤奋的学生了。但是他的家长认为高原期是因为不够努力导致的。真的是这样吗？让我们对高三生活望闻问切做个诊断。

（屏幕显示）：我们对一个事物的好感程度变化会随着我们与该事物的接触次数的增长呈现出倒U型曲线。即在经过一定次数的接触后，我们对该事物的好感度会达到最大值，之后过度的接触反而会导致负面情绪的产生，我们对该事物的好感度将逐渐下降。

师：比如，如果不断重复地听一首喜欢的歌，一段时间后，最终你对这首歌的好感会大大降低。在心理学中，我们称其为"饱和效应"。学习方面也同理，因此，高原期是高三学生面临的正常现象，我们要科学归因，不必过于自责。

师：站在高三第二学期初的关头，我们的学习有什么特点？

生：刚完成一轮复习，准备二轮复习了。

生：自主学习时间更多了。

……

学生经过小组讨论和头脑风暴，认为高原期出现的原因可归纳如下：

（1）学习活动长期单一，引起生理疲劳和心理疲劳。

（2）新旧知识交替，没有掌握科学的学习方法。

（3）盲目搞题海战术。

（4）学习难度提升。

设计意图　直观呈现学生的信和家长的话语，让学生明白高原反应是普遍现象。将个体问题普遍化，减轻学生的无助感。发挥学生的主体地位，通过教师的追问让学生自我剖析，形成正确归因，为后面调整高原现象奠定基础。

三、望闻问切走出困境

师：奥运跳水冠军全红婵为了取得佳绩，也会把动作重复练习无数次。她的训练也有高原期。

（屏幕显示）：

全红婵说："我遇到的最大困难就是学 207C（向后翻腾三周半抱膝）时，用了一年零几个星期的时间。"

心理学研究表明，大部分学生熬过高原期是能够获得进步的。[1]因此在这一阶段，不必沮丧，要学会接受这一状态。

师：相比于运动员，在我们的学习中一道题需不需要做无数次才能拿分？

---

[1] 莫雷.教育心理学[M].北京：教育科学出版社，2007：191.

练习中的高原现象[1]

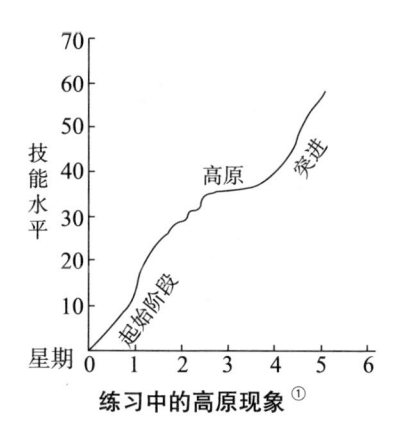

生：运动员的动作需要无数次练习，但是学生的学习不需要，只要求掌握。

师：但同学们的信中反映出很多同学还是沉浸在题海战术中难以抽身。为什么？

生：因为心乱如麻，只能不断刷题，越刷心越乱。

师：攀登高原的过程需要指南针，大家要检查一下指南针是否正常运作。

（屏幕显示）：某学生的学习计划。

师：请同学们给这个学习计划做个小诊断。

生1：他的计划一天根本完成不了。

生2：不太科学，目标又远又虚。

师：除了这些问题，同学们有看到计划主人的反馈吗？

---

[1] 刘儒德. 教育中的心理效应 [M]. 上海：华东师范大学出版社，2013：37.

生：没有！

师：因此，你们的心乱如麻是有原因的。第一，学习目标制定不合理。第二，每天的学习收获没有具象化。针对大家心慌的毛病，老师有妙招。请大家跟着老师的节奏，闭上双眼，在座位上慢慢地进行深呼吸，憋气3秒，绷紧身体，再慢慢地一边呼气一边放松。

学生重复三次之后，状态明显放松了。

师：站在高原上，身体吸足氧气，自然就能放松了。所以今天给大家开的第一味药是"氧气"。

（屏幕显示）：

攀上高原吸点氧

（1）保持积极平和的心态——高原期是调整期，而不是你的最高点。

（2）调整学习方式或做题习惯。

（3）制定合理的目标。

（4）把每天的收获具体化，写下来。

（5）劳逸结合，确保休息。

设计意图　在积极心理学看来，学生能学会积极地看待事物的方法是大有裨益的。因此，通过呈现专业的心理学分析，让学生明白高原期不仅是普遍现象，而且是阶段性的，是可以克服的。教师展示学生的切身案例，让学生领悟到高原期的调整方法，改变焦躁的学习心态，"氧气"充足，自然状态更好。

四、新瓶旧药重寻转机

师：老师学的医术只是皮毛。为了给同学们更好地诊疗，老师特意请了几位来自医科大学的实习医学生为大家开展义诊，寻找克服"高原现象"的方法。

实习医学生：我们给大家带来的诊疗方案是旧书新背记忆法。

各组组长分发背诵材料，4个小组内容不一，每组分配一位实习医学生，共同为背诵材料寻找新的记忆方式。

5分钟之后，每组派代表上台展示背诵。

师：正如老师刚才所说，大家长时间听同一首歌或者温习同一知识点很容易乏味，但是经过"新瓶旧药"疗法，可以发现，我们不要总想着结果，而是专注于眼前所做的事情，用积极的心态增添趣味，就可以跨越这个枯燥的"极点"，豁然开朗，重获信心。

设计意图 要让学生对高原期的感受发生变化，光靠教室内的对话是不够的，我们可以借助活动使学生获得亲身体验。通过旧书新背记忆法，学生能明白通过调整练习，转换方法，就能顺利熬过"高原期"，赢取下一阶段的胜利。

五、朋辈相助强化信心

活动最后，班主任揭开实习医学生的身份。

师：其实，今天莅临班会活动现场的实习医学生是我校上一届的优秀毕业生。高三这段艰苦求索的道路，他们也曾经走过。今天，我们共同望闻问切，对"高原现象"做了细致的归因并找到了"治疗"的方法。相信掌握了正确的应对策略，在座的同学也能顺利渡过高原期，今年的六月，也能像学长们一样走向成功！

设计意图 优秀毕业生的成功作为鲜明的榜样，向学生展示了高原期之后的美好未来，为高考生打了一剂"强心针"。

【课后延伸与拓展】

1.活动结束后，可以安排班里学生与优秀毕业生的交流。

师：这几位学长在去年的高三尝试了我开的另一张"药方"后，如有神助，同学们可以向他们打探一下。

学生一听，纷纷鼓掌，簇拥着学长们去饭堂"叙旧"。

设计意图 提出存在"另一张药方"，为下一节高原期学习方式调整主题班会埋下伏笔。在人际关系中，双方如果关系好，那么一方就容易接受另一方的观点。在心理学上，这称为自己人效应。把往届毕业生邀请到班会活动中，是为了发挥"传帮带"精神，分享他们度过高原期的经验。

2.在高原期，校外还有一群极其焦虑的高三家长也需要"吸氧"。班主任开展《呼吸相通，心理共融》线上家长会，与家长一起了解学生的近况，分析高原期产生的原因和对策。家长会的关键内容是向家长分享《非暴力沟通》一书，为亲子沟通提供良方。

设计意图 良好的亲子沟通能为学生的高考备考提供有力帮助，但大部分家长与孩子的沟通并不科学。因此，在高考备考关键期，围绕学生高原期问题，针对性开展亲子沟通辅导，能减少亲子矛盾，增进沟通成效，家校合力共赢。

【反思与总结】

1.本次班会的时间需要精心挑选。首先要选择在大部分学生出现高原期的时间。其次，涉及邀请毕业生回校，结合实际经验，比较合适的时间是高三第二学期初的春天，下午的第三节课，学生可以在班会后与往届毕业生充分交流。

2.一节班会课的时间并不能解决高原期的所有问题。高原期学习方式的调整可作为下一节班会课的主题，循序渐进，形成系列班会。

3.班会课只能解决普遍性的问题。学生高原期出现的时间并不会同步，也具有反复性，需要班主任的持续关注，并针对个体开展精准辅导。

4.班会课的内容集中在课堂内的师生对话和活动，形式不够丰富。若能在确保学生安全的前提下，师生参与长跑活动，让学生亲身体验克服身体"极点"的成功感，既切身体会了克服学习"高原现象"的过程，也增加了班会课的趣味性。

广东省佛山市南海区罗村高级中学　潘丽芬

25. 时间魔法师

——学会时间管理，有效利用时间

【班会背景】

高三阶段，随着学校时间安排的调整，学生在校可供自由安排的时间在一定程度上增多了，但如果忽略了正确的时间管理，学生会更加忙乱不堪、顾此失彼，从而影响学习效率和情绪。如何发现时间管理上的问题，科学安排时间，达成时间的最有效利用，是高三学生必须面对的问题。

关于时间管理，各个学段的老师都向学生强调过它的重要性，并介绍了各种时间管理方法。事实上，学生都清楚时间管理的重要性，但在操作上缺乏自控和毅力，计划性不足，没有养成时间管理的习惯，不能将时间管理的方法应用在学习上。同时，由于时间管理教育主要以说教方式为主，所教授的方法不能很好地与学生学习相结合，在实际操作上便大打折扣。另外，学生对在校一天的时间没有足够清晰的认知，对自身可控的时间认识模糊，因而不能合理利用。

心理学教授黄希庭认为个体在运用时间方式上所表现出来的心理和行为特征是一种人格倾向，即时间管理倾向，该人格特征具有动力性，在不同的人身上有不同的表现程度、跨情境性和潜在的可测度，并编制了青少年时间管理倾向量表（Adolescence Time Management Disposition Scale，简称ATMD）。[1] 研究表明，时间管理倾向各维度与自我价值感、积极情绪、消极

---

[1] 黄希庭，张志杰. 青少年时间管理倾向表的编制 [J]. 心理学报，2001，33（4）.

情绪之间存在相关作用，即良好的时间管理能够增强成就动机，提高自我价值感，更容易获得积极情绪，不良的时间管理则更容易导致消极情绪。因此我们必须重视时间管理，时间管理是学习管理乃至心灵管理的重要一环。

【班会目标】

1. 知识与认知目标：帮助学生认识时间管理上存在的问题，促进学生对这类问题的反思。

2. 方法与能力目标：通过"时间魔法商店"活动，指导学生在讨论与合作的基础上，学会有计划地安排时间，根据自己的学习情况分配时间，寻找适合自己的时间安排策略。

3. 情感与态度目标：能够珍惜时间，通过合理分配时间，降低学习压力，有效、有序地学习，从而增强成就动机和自我价值感。

【课前准备】

1. 提前向学生介绍部分时间管理方法，如"番茄工作法""SMART 目标""时间管理四象限法"等，分小组根据学习情况实践时间管理方法，拍摄 VLOG。

2. 让学生取下手表和一切计时的工具，准备视频"TODAY 时钟"，为课堂导入做准备。

3. 准备若干红、黄卡纸，制作成卡片，搬两张桌子作为店铺，供"时间魔法商店"活动使用。

【班会过程】

一、课堂导入：TODAY 时钟引发课堂兴趣

播放视频"TODAY 时钟"，介绍纽约畅销的时钟。这款时钟只有一根指针，24 小时制，用不同灰度值的颜色来指示一天中的不同阶段。

师：你喜欢这个设计吗？你觉得设计者想传递怎样的设计理念？

生1：和传统的钟表不同，它可以让我们以不同方式感受时间。

生2：用这个时钟，我可以看到一天剩下百分之几的时间。

生3：背后的灰度值就跟天空的颜色一样，让我感受到时间的流逝。

师：TODAY时钟设计者表示，权衡、估量时间，就是权衡、估量我们的生命。时间是一种魔法，拥有改变一切的力量。在高三高效运用好每一天是我们的制胜法宝。

设计意图 利用时钟的设计导入，提升学生的参与热情，让学生关注到合理时间管理的重要性和紧迫性。

二、时间感知活动：时间魔法商店

（一）游戏规则

所有同学将自己一天内的可控时间写下来，用红色卡片做成"时间货币"，并把自己在可控时间内常做的事情写在黄色卡片上，作为拥有的物品，例如，学习物理、发呆、走动等。

集中时间可以合起来计算，零散时间则不能。如晚自修整段的集中时间19:30~22:10可合计为2小时40分钟，但傍晚吃完饭休息的零散时间只能单独计算为10分钟。

一名同学扮演"时间魔法商店"的店主，以时间为货币，出售或回收各种商品，商品的价格由店主标注，能与买主协商。如：在年级进步100名、语文突破100分、解决数学某个知识点等。

其余学生扮演买主，说出想要购买的商品或放弃的东西，并说明理由。买主必须利用时间货币来购买商品而放弃原有时间安排的，能得到一定数量的时间货币。

（二）游戏体验

生1：我想购买英语突破100分，因为英语经常拖我后腿，成了我的瘸腿科目。

店主：售价30分钟。

生1：我总共就只有晚自修的2小时40分钟呀，太多了吧！

生2：你英语经常不及格呢，是要多花点时间的。你早点回来学习不就有了吗？

生1思考了一阵，将"打球"的卡片给了店主，回收了30分钟。

生2：我想买年级进步100名，但我刚才已经买了语文、英语、物理、化学、生物了，能用的我都用上了，还不够买数学呢。

全班：你怎么有这么多时间？！

生2：我把早读、晚读前半个小时都利用起来了呀，而且我休息好，抓紧时间立刻睡着，早睡早起。

（众生啧啧称赞）

师：你对照一下自己的成绩单，是不是有些学科更需要你的时间呢？

生2检视了成绩状况，物理、化学长期保持前列，数学不太稳定，最终决定从物理、化学各回收20分钟，购买了"突破数学知识点"。

生3犹豫很久，没有上前购买。

师：你为什么没有购买呢？

生3：我发现我不清楚自己平时在做什么，都是别人干什么，我也干什么，别人刷题，我也刷题，别人看语文资料，我也看语文资料……

师：时间管理的前提是要有目标性、计划性，你再想想自己真正需要做的事情是什么。

生3拿着时间货币到一旁去思考。

……

活动结束后，评选出"时间富翁"——拥有最多初始时间货币的同学，"时间魔法师"——拥有最多商品的同学。

（三）游戏感悟：小组内分享

1.事实与发现：

（1）刚才活动中得到了多少货币？购买了多少商品？

（2）在活动开始前，请同学猜测谁会是"时间富翁"和"时间魔法师"，是否猜对了？

2.感受与发现：

（1）看到有想买的商品却无法购买时，你的心情怎么样？

（2）你所购买的商品符合你的日常计划与学习实际需要吗？

（3）你认为你和获评者相差在什么地方？你从其他同学身上获得什么启示？

3.发现与未来：

（1）通过游戏，你认为你的时间管理情况如何？

（2）你认为合理进行时间管理需要注意哪些方面？

（四）游戏小结：明确高效利用时间的方法

在活动中，学生会发现尽管大家的一天都是24小时，彼此的时间货币却有差距，购买商品时所花费的货币也不相同，这是由什么导致的呢？这与学生的时间利用效率、每日时间安排、学生的学习情况不同有关。因此，在管理时间的过程中，我们需要了解方法，才能让我们成为"时间富翁""时间魔法师"。

第一，了解情况，量身订制。高三学生更需要了解自身的学习情况，明确知道自己的优势、劣势科目。根据学习情况，安排好每天的时间。

第二，明确时长，心中有数。巴金森法则提出："你有多少时间完成工作，工作就会自动变成需要那么多时间。"因此我们在安排学习任务时，需要明确限定自己完成的时间，并在每完成一件任务后，就记录下所用的时间，这样对每天时间用在什么地方心中有数，也方便后续根据规定时间与实际所用时长对比，进行优化整改。

第三，规律作息，提高效率。真正会学习的，不是挑灯夜读、废寝忘食的，而是严格按照作息时间健康生活的。到了冲刺阶段，更应该注意保持规律作息，保证学习和生活时有充足的精神，从而提高学习效率。

设计意图 通过"时间货币"，引导学生审视自己每日可控的时间，发现占用学习时间的琐事。通过与其他人比较"货币"多少，也可以督促学生更有效率、更规律、更健康地生活，将更多的时间用于学习。在关注"商品"时，学生可以根据自身学习情况，思考时间安排的合理性，即花时间所投入的项目是否真正符合自身学习需要。通过直面自我学习状况与时间安排情况，进行对时间利用的反思。

三、时间规划局：将时间管理方法落实到学习活动中

师：在上课之前，我邀请了一些同学运用之前所提到的时间管理方法进行每日规划，还拍摄了 VLOG，让我们一起看看吧。

播放学生 VLOG，展示在学校或周末，学生运用"番茄工作法""SMART 目标""PDCA 循环""时间管理四象限法"等方式安排自己的学习任务。

师：在看完他们的学习生活 VLOG 之后，相信大家对他们的时间管理也有兴趣，大家可以向这些同学提问关于时间管理的问题。

生1：我也了解过番茄工作法，但感觉不能把任务很好地安排在番茄钟（即25分钟）里。在番茄钟里，我有时候会被各种事情打断，不能完全集中注意力，你是怎么解决的呢？

生2：我主要在周末使用番茄工作法，番茄钟的安排跟老师刚才说的规划有很大关系，第一是在开始做之前列出今天要完成的任务，第二是预估每个任务需要使用的番茄钟，整合零散的时间。

生3：时间管理四象限法听起来很清晰，做起来却很难，你是怎么安排的呢？

生4：其实就是重视 B 区，减少 A 区、C 区，干掉 D 区。我会在列出任务的时候，用不同颜色的笔标注出 ABCD 区的任务，在列清单时，优先将 AB 区的任务写上。

设计意图 在活动体悟的基础上，让学生先通过其他同学的时间管理视频，形成对学习任务的时间管理的认知。再通过与同学的交流与互动，解决实践中存在的问题，增强情感上的认同，更好地帮助学生真正践行时间管理。

四、总结策略，实践时间管理

师：感谢同学们的分享与答疑，让我们能更好地把握时间，管理时间。

时间是公平的，给每个人都是24小时，我们善待它，它也会善待我们。最后，老师给大家提供一些能更好地进行时间管理的方法。

（1）做好愿望清单，强化学习动机。将想要达成的各种大小目标写在一张纸上，多小的目标都可以，可以是每一天的小目标，让自己保持前进的状态。这能让我们更好地了解自身情况，同时也能帮助我们坚持完成每天的计划，形成好的习惯。

（2）利用时间统计法，分析时间安排。运用时间统计，最大程度地利用我们所有的时间，包括容易被忽视的"边角料"碎片时间。明确自身可控的时间，是一切时间安排的前提。对照自身学习状况，定期分析时间支出的构成，找出不合理之处并分析原因，进行修正。提高对时间的敏感度，明确自己完成具体任务需要多少时间。

（3）保持良好人际关系，找到时间管理监督者。如果我们处于不良的人际关系中，我们会因为心情不好而导致学习效率降低。在时间管理上，我们可以寻找监督者，帮助我们更好地完成规划，督促我们更快地完成任务。

（4）警惕时间杀手，远离诱惑物。在学习前，先营造一个良好的学习环境，对没有产生任何实际价值，却消耗我们时间和精力的人或物保持距离。

五、加入时间魔法部

1.请同学们根据自己的情况，结合今天所学的时间管理方法，思考适合自己的时间管理方法。

2.成立时间魔法部，出示《时间魔法部成员协议书》，邀请同学们加入。

时间魔法部成员协议书

口号：更多的时间！更高的效率！

协议内容

根据学习情况，运用一到两个时间管理方法，选择一个每日时间管理的目标。如：能够完成所有作业；能够多刷五道数学题；能够挤出时间背 20 分钟英语单词。不能选择已经可以达成的学习任务，如写完语文作业，因为这是本来就可以完成的项目。也不能为了完成目标，而放弃原本可以完成的事情。

准入门槛

两位学生互为监督者，共同参与，缺一人都不得参加。成员根据每日时间管理目标，定制一份适合自己的每日时间安排，本人与监督者必须在时间安排上签名。

奖惩措施

截至下一次阶段考，履行每日时间管理安排一周者，奖励小礼物一份。履行两周者，获得神秘礼包一份。持续完成至阶段考（约 30 天），获得 30 个班级代币。

挑战失败，则倒扣 10 个班级代币。（代币的获得可通过打扫卫生、参加班级比赛、坚持交作业、获得测试与考试奖励等方式获取。)

设计意图 通过"时间魔法部"的方式，将课堂上学习的时间管理方法切实落到学习实践中。同时，通过同伴互助、互相监督的方式，帮助学生形成良好的时间管理习惯。

【反思与总结】

1."时间魔法商店"的活动体验是本课的关键环节，教师需要密切观察学生购买商品时的各种状况，随时进行引导。例如，有的学生想购买商品却货币不够，想随意地制作货币卡片，却没有考虑自身时间安排，对此教师要予以制止，并引导学生关注自己的学习时间，想方设法挤出边角料的零碎时间。或有的学生只顾着购买更多的商品，没有考虑是否符合自身情况，如有的学生语文成绩保持前列，却购买了"语文进步"，教师也可以进行提醒。

2.本节班会课主要通过游戏体验的形式进行，教师需要把握好时间，以免后续的环节没有办法开展。同时，需要及时关注学生的困惑和需求，对学生给予引导，也可以通过分组的形式，让小组长关注组员的情况。

3.课后延伸拓展的"时间魔法部"活动可以保证课堂效果的落实，是时间管理方法落到学习实践的措施，教师需要参与并留意活动的进展情况，保障制度的落实。教师需要监督成员的计划完成情况，可以邀请科任老师加入，同时也要帮助时间管理存在问题的学生，予以指导。

广东省佛山市南海区南海中学　钟明明

26. 路在脚下，梦在前方

——树立科学职业观

【班会背景】

生涯规划是青少年要学习的一项重要课题，但目前职业生涯规划课程在初、高中还未普遍开设，学生对生涯规划缺乏必要的认识，以致于部分学生在高三阶段会对未来感到迷茫。

高三学生的逻辑思维进一步增强，已经有能力独立思考问题。他们很快就要面对高考的挑战，因此高三学生所需要的生涯规划不仅仅是找到自己的兴趣点，更需要以理想之灯点亮自己的高三路，在理想的指引下拼搏奋进。

在班会课上充分利用"职业三支点"理论和 SWOT 分析法，帮助学生更清晰地找到自己的职业定位和职业价值，并以班杜拉观察学习理论作为辅助，引导学生在定位自我和理想职业后能自觉寻找差距，并为理想而奋斗。

【班会目标】

1. 知识与认知目标：学生意识到生涯规划的重要性，能够结合自身的性格特点和兴趣等因素，主动思考自己未来要走的路，规划自己的学业和职业生涯。

2. 方法与能力目标：通过游戏、测试等方式，提高学生目标感和自省力，使学生能够初步规划自己想走的路，并能为了自己的理想付诸行动。

3. 情感与态度目标：通过合理的生涯规划，激发学生身上的积极因子，从而在学习和生活中阳光、向上。

【课前活动】

在正式上课之前，老师和同学们在操场上 400 米跑道的起点集合。

老师选择 4 个男生和 4 个女生站在起跑线上。

师：开跑！

学生们明显愣住了，好一会儿才反应过来，开始慢慢跑起来，一边跑一边回头望向老师，颇有点丈二和尚摸不着头脑的感觉。大概跑了 30 秒后，老师把大家喊回来。

师：这一次大家还是站在同一起跑线上，男生女生背对背分 4 条跑道站。当我说"跑"的时候，请男生和女生都竭尽全力用最快速度沿着所在跑道奔跑，最快相遇的一组获胜。

老师一声令下，学生纷纷快速奔跑起来。最后获胜的一组开心地击掌！现场气氛热烈。

【班会过程】

一、"男生女生向前冲"采访环节

班长对刚才参加跑步的 8 位同学进行采访，请同学们谈两次跑步的感觉。

生：我觉得完全不同。第一次都不知道要干吗，跑也不知道往哪里跑，觉得老师在开玩笑似的，就没有好好跑。第二次因为目标很明确，所以就很放心地往前冲，所以我们组就拿了第一！

教室里响起掌声。

师：同学们说得很好，没有方向的船，东南西北风都不是顺风。在《爱丽丝梦游仙境》这本书里，当小爱丽丝来到一个通往不同方向路口的时候，爱丽丝犹豫不决。她决定向小猫请教。小猫告诉她："那要看你想到哪儿去。"爱丽丝却说去哪儿都无所谓。小猫的回答是："那么你走哪条路也无所谓。"只有知道自己要走哪一条路，有明确的方向，我们才能心无旁骛地迈出脚下的每一步。

设计意图　首先用"男生女生向前冲"的操场小游戏，以最直观的体验让学生意识到树立目标的重要性。接着以《爱丽丝梦游仙境》中爱丽丝与小猫对话的方式引入"路"的意向，引导学生深入思考：自己到底要走的是怎么样的一条路。

二、通过"描绘闪闪发光的我自己"看职业支点——我想走的路

每位同学手上拿到一张 A4 白纸，限时 10 分钟描绘出未来的自己参加工作后闪闪发光的样子。（允许天马行空，但同学们在进行未来职业定位和选择的时候需要遵从自己的内心，选择自己真正想成为的样子）

同学们跃跃欲试，各抒己见：工程设计师、医生、老师、护士、经济学家、IT 从业者、游戏开发师、美容师、服装设计师等，甚至有同学针对当前局势，讲到想当芯片研究专家。

师：老师想和大家分享一个人的故事。他是大家很熟悉的人，大家可以猜一猜他是谁。他从小就对农业格外感兴趣，但由于家人对他寄予厚望，长辈对他学农并不赞成，父亲甚至因此和他生气。但他没有放弃，一放学他就会跑去地里，看看庄稼。家人劝说他，学农苦，这条路不好走，最好放弃。他却异常坚定：我想选的路，是我自己喜欢的，感兴趣的，觉得很有意义的路！而不是别人希望我走的路！后来他克服了重重困难，最终他成功研制杂交水稻育种技术，解决了中国 13 亿多人口吃饭的问题。这个人，他就是……

生：袁隆平爷爷！

师：是的。袁隆平爷爷从小就找到了自己能够为之奋斗终身的路，并且他一直坚定地走在这条道路上。结合袁爷爷的例子，请同学们思考，当你们构建"20 年后同学会"上的自己时，你们的依据是什么呢？

生：是高一时做过的兴趣岛测试，主要是根据自己的兴趣。

师：除了兴趣，有同学提到特别想解决国家的芯片问题，依据的又是什么？

生：是社会，国家的需要！

师：很好！在这里老师想向大家介绍"职业三支点"理论。当我们进行生涯规划的时候往往先要确立一个支点，这个支点就是"我为什么而工作"。

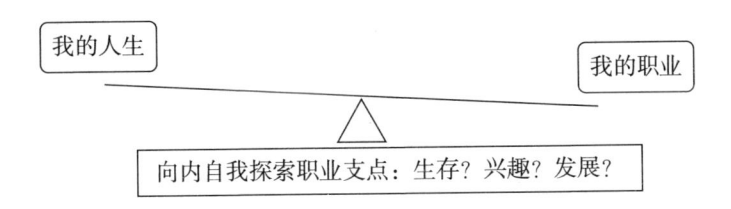

```
我的人生 ———————△——————— 我的职业
         向内自我探索职业支点：生存？兴趣？发展？
```

其中职业支点可以分解为：生存支点、兴趣支点和发展支点。

师：请同学们进行小组讨论，生存支点、兴趣支点和发展支点分别有怎样的涵义。6分钟后同学们展现自己讨论的结果。范例：

职业支点	具体涵义
生存支点	以工资待遇的多少作为职业生涯的支点，更重视物质的收获与成就。
兴趣支点	以兴趣和快乐作为职业生涯的支点，更重视自己的内心感受。
发展支点	以自我的提升为职业生涯的支点，不断追求自我的发展与进步。

师：当我们选择自己的职业时，最好是把兴趣和发展支点相结合，并适当考虑生存要素，理性地做出自己的职业选择。

设计意图 通过创设情境，以"20年后同学会"为话题，引导学生结合第一环节的内容，初步确立自己想要走的路。"猜猜他是谁"环节以袁隆平院士的故事，进一步感染学生，增强学生的正向情感体验，懂得确定自己所选道路的重要性，同时也明白了哪怕是少人走的路，只要自己坚定地走下去，也能实现自己人生的价值。在此基础上，引导同学们思考进行职业规划的时候应该以什么为支点，最终明晰自己想要走的路。

三、通过SWOT分析法透视自己——我要如何通往自己想去的那条路

师：通过"20年后同学会"，大家大致有了方向的判断，有了自己希望

从事的职业，这其实就是一种职业价值观。当大家找到自己想要去走的路之后，更重要的是，如何才能通往自己想要去的那条路。

现在请大家拿出一张 A4 纸，按照 SWOT 分析法写下"我是 _____ 的我"剖析图。SWTO 分析法又叫做态势分析法。S 代表的是优势，W 代表的是劣势，O 是机会，T 是威胁。我们可以从这四方面审视自己，对自己进行分析[①]，并在 _____ 上填下自己最突出特质的形容词。

外部环境 \ 内部环境	优势（S）	劣势（W）
机会（O）	S-O 战略	W-O 战略
威胁（T）	S-T 战略	W-T 战略

师：现在请大家拿出另一张 A4 纸，按照 SWTO 分析法，为同桌绘制一张剖析图，主题为：他/她是 _____ 他/她。

设计意图 引入 SWOT 分析法，引导学生向内探索、审视自己，充分分析自己的优势和劣势，对自己有更理性和全面的认识。通过同桌之间互相绘制自我剖析图，引导学生转换视角，看到他人对自己的分析，在信息整合的过程中初步建立起理性认知，看到自己的不足，知道自己与想要去往的道路的差距。此外，这个环节也为下一个环节——坚定走向自己的路做了充分准备。

四、通过"职业规划指导师"助人助己——我可以坚定走向属于自己的路

播放学生提前录制好的四个小视频。视频是由班级宣传小组仔细观察班级同学们的表现后，扮演并拍摄的班级场景。

视频 1：（教室里）同学们在认真早读，小 A 一会儿找书，一会儿说话，一会儿打瞌睡。

[①] 阳志平，彭华军. 积极心理学：团体活动课操作指南 [M]. 北京：机械工业出版社. 2019.

视频 2：（课堂上）老师在上课，小 B 一直低着头，刷其他科的题。

视频 3：（宿舍里）同学们都准备睡觉了，小 C 还很嗨，一直拉着同学聊游戏通关的事。

视频 4：（家里）考试失利后，小 D 把自己关在房间里，不肯吃饭，对着试卷流眼泪。

师：高考很快就要来了，如果大家是"职业规划指导师"，你会对小 A、小 B、小 C 和小 D 分别做些什么指导呢？

学生们畅所欲言。

老师拿出提前准备好的 20 年人生地图，请同学们完成这张人生地图，规划好自己未来 20 年要走的路。在这张地图上，展现的是一条路。同学们需要在路的终点描述 20 年后的自己，此后再倒推描述 15、10、5 年后的自己，最后来到了当下的自己。要如何做才能成为 5 年后理想中的自己，在此基础上梳理需要克服哪些困难，才能缩短理想中的自己与现实中自己的差距。

设计意图 首先，通过"我是职业规划指导师"的角色扮演，引导学生转换视角，助人自助，自省当下所存在的不足并树立起积极心态。其次，通过绘制"我的人生地图"的方式，以 5 年为一个阶段绘制自己的阶段性目标，与上一环节"20 年后同学会"这个活动相呼应。通过目标分解，帮助学生由感性认识上升到理性认识，从初步找到自己想走的路，到明白"活好当下，走好脚下每一步"的重要性。

【课后延伸与拓展】

利用周末时间查阅自己理想大学的资料，准备好演讲"我的大学，我来了"，唤醒热情，为高三忙碌而充实的学业生活注入理想的新能量。

【反思与总结】

1. 将"路"的意象贯穿始终，从自己想走的路到如何通往那条路，再到坚定自己一定可以走好这条路的信念，环节紧凑，更有利于学生理解和接受。

2.整节课主要运用心理学理论，通过职业三支点、SWOT 分析法、绘制人生地图等方式，以活动体验的方式层层递进，引导学生在参与中体验、感悟、实践，最终达成本课的教学目标。

3.第三环节运用积极心理学中的"积极成长"理论，帮助学生转换视角，以"职业规划指导师"的身份去帮助他人，同时反思自己，激发学生内在动机，避免单调的说教，以达成更好的教育效果。

4.生涯规划课程并非一蹴而就的，学生在选定目标后由于种种原因，可能又会动摇，制订了的计划也可能无法真正很好地落实，这就要求班主任时时关注学生的思想动态，及时跟进、及时辅导，做学生的心理同龄人、梦想同路人，让学生在高三这一年真正走好脚下的"路"。

广东省佛山市南海区南海实验学校　郑丽冰

27. 黑色生命力

——挫折并不可怕

【班会背景】

高中生处于青春期，敏感，有时甚至是较为脆弱。在经历挫折，尤其是高三的学业挫折时，容易陷于黑暗心境中无法抽离，导致精神不振，动力不足，学习受阻，恶性循环。

对于这种情况，很多班主任采用鼓励式班会，在课堂上讲述名人励志故事来激发学生走出黑暗。这种设计能在一定程度上提振士气，但是没有具体的方法传授，学生需要持续的加油打气，而这似乎难以实现。秉持着"授之以鱼不如授之以渔"的理念，本节班会课强调心流体验。注重给学生传授调节方法，使用了不少心理学理论和概念。埃利斯的情绪 ABC 理论让学生理清诱发事件本身、学生对此事件的信念，以及对学生的情绪影响，适时调整态度。"把背包扔过墙"出自美国著名心理治疗专家威廉·克瑙斯的《终结拖延症》一书。该技巧强调对自己下狠手，去完成必要的事情。最后，基于人本主义的学习方法，以学生为中心，为他们创造一个良好的环境。

学生对挫折的处理很多时候取决于他们对挫折的定义。"黑色生命力"是经历过创伤而最终度过的人身上会表现出来的力量，是一种穿越黑暗，在挣扎与恐惧之间迸发出来的巨大能量。学生面对挫折，拥抱黑暗，战胜黑暗，终将获得一种强有力的生命张力，助其渡过重重困难。获取这种生命力的途径很多，本班会基于学生的盲区，从问卷中来，回到学生中去，给学生提供他们迫切所需的生命指南。

【班会目标】

不少学生屈服于挫折的压力，无法有效地自我调节，心理免疫力有待增强。本节班会课的总目标为强化学生抗挫折韧性（即"黑色生命力"）。基于问卷，教师发现学生的三大薄弱板块，即认知、目标和支持。因此，本课的目标制定如下：

1. 知识与认知目标：了解自身对待挫折的心态和处理方法，了解情绪ABC理论、"扔背包"和"幸福董事会"的方法。

2. 方法与能力目标：学会使用积极认知看待事物；回归目标，保持决心和专注；明确支持群体，强化人际互助。

3. 情感与态度目标：转变对挫折的认知，知道挫折可战胜，且勇于战胜挫折。

【班会准备】

班主任使用青少年心理韧性量表（甘怡群版），并结合本班的独特需求，做了一份"心理韧性问卷调查表"，在课前要求学生填写完成。问卷要求学生列出遇到过的主要挫折（可以是最主要的一个或影响较大的几个），并追问学生当时的感受以及目前的感受。对于挫折，学生的具体处理方式是什么（如有多个挫折可分别展开分析）。在学生填写完毕后，计算分析学生的韧性水平。

结果显示，所在班级38.9%的同学韧性水平低于青少年平均水平，且总体样本中，"积极认知"（28.4%）、"目标决心"（32.5%）、"人际协助"（30.5%）三项指标得分低于平均值的人数较多。由此说明学生的心理韧性受阻于认知、目标和支持三大板块，这也是本课设计的主要内容。

【班会过程】

一、进入挫折隧道：情境创设，认知导入

1. 教师展示一个纯黑画面，模拟处于黑暗挫折中的同学，迷茫、混乱、不知所措，提问："这是哪里？你在干什么？"

2. 画面保持黑暗，但此时加入跑步声，教师再次发问："这是哪里？你在干什么？"此时学生好奇心大增，并以此模拟在黑暗中想要逃离的学生。

3. 学生给出各种猜测后，教师问："处于这种环境中你有什么感受？什么时候会有这种感觉？"学生纷纷回答，"恐惧、迷茫、压抑"。"遇到恐怖的事""遭遇挫败"会有这样的感受，由此引出学生问卷里提到的挫折以及遇挫后的感受。

4. 教师小结：每当遇到挫折和逆境，我们会感觉自己如坠入黑暗，仿佛在一条黑暗的隧道里，迷茫、绝望，怎么都跑不出去。今天，老师陪着大家来一起跑这段隧道。其实，在这段仿佛看不到光的黑暗隧道里，只要能跑赢以下三关，我们就能逃离隧道，奔向光明。

设计意图 引导学生重温挫折感，分享自己曾经遇到的挫折，回顾曾经的感受，直面当时的困境，为本班会课奠定共情基础。"黑暗隧道"的出现是本课"黑色马拉松"的重要开端，以下班会课的环节安排都围绕跑出"挫折隧道"的"黑色马拉松"展开。

二、跑出隧道第一关卡：积极认知

1. 情境提问："跑了一段路，你觉得非常渴了，翻出背包里的水杯，看到半杯水，你是开心还是难受？"让学生在讨论中感知"半杯满半杯空"的认知差异，让学生反思自身认知是否积极。

2. 情境活动：我们来帮帮他。教师播放一段学生求助录音（"到底要怎么办呢？明明努力了，还是这么糟糕！这次考试，又退步了。一退再退，都成什么样子了。数学连平均分都没到，我难道真的就是个差生吗？"），学生

27. 黑色生命力 · 211

需要通过同伴合作来组织语言安慰这位同学。

3.在学生提出自己的安慰话术后,老师追问"同样一番话是否能打动你自己?"学生基本都摇头。让学生讨论个中原因,教师总结关于态度立场不同而引发的情绪不同,介绍情绪 ABC 理论(事件 A+ 态度 B= 情绪 C),梳理态度在事件和情绪中的重要角色。事件本身不变,对待事件的态度不同导致不一样的情绪。

4.教师分享自己曾经丢手机的经历:"元旦假期去南澳岛玩,自拍的时候手机一下掉海里,懊恼得很,什么心思都没有了,灰溜溜地叫同伴在他的手机取消晚上的住宿,就此回程。但是对于不能挽回的事情我那么痛苦是不是很亏?那我的态度可以怎么转变呢?我想,手机没了,暂时断网可以让我专心享受线下的陪伴,不是一件好事吗?"根据情绪 ABC 理论,引导学生重新分析曾经面对的挫折(事件 A),现在如何调整态度(态度 B)以控制情绪(情绪 C)。

5.教师小结:事件本身不是问题,关键是对待事件的态度,同样一件事,转换态度,情绪也截然不同。

【设计意图】 针对学生"积极认知"的不足,通过设置关卡的活动,引发学生讨论,再基于 ABC 情绪理论,引导学生面对事件(挫折)分离态度和情绪,同时结合教师自身经历,让学生充分理解并学会理性看待事件对自己的影响,反思自身认知。

三、跑出隧道第二关卡:目标决心

1.情境提问:把水放进背包,继续往前跑,突然你遇到一堵墙,这时你会选择:

A. 放弃并往回跑　　　B. 在原地等待　　　C. _____

2.待学生充分讨论后,让学生分享自己的做法。教师进行总结,即学生既不想放弃,又不准备坐以待毙,都是想尽办法往目标前进。由此引出"背包扔过墙思维"(指的是先承诺、选择,把自己置于一个有着不确定性的地方,继而最大程度地激发自己的能量)。把背包扔过去,相当于不给自己退路，狠下决心。

3.（屏幕显示）举重运动员菲格罗亚的视频，让学生认识到菲格罗亚不忘初心，从小就"扔背包"，最终扛住一次次的黑暗与绝境，实现目标。通过"捡回背包"的故事，从而感悟到"狠扔背包"的重要性。

4.提问学生是否有"扔背包"的经历，老师分享过去自己"扔背包"的经历（立志见识世界，最终经过不懈努力，成功拿到出国交流名额）。

5.情境提问："石门中学有一位吴侃同学，初中的时候就志向清华北大，高一的时候年级排名却到了700多名，这个时候，大家认为他该怎么做？"从身边的例子出发，鼓励学生"狠扔背包"。先由老师分享自己的下一个目标，再邀请学生"扔背包"，分享目标，下定决心。

设计意图 关注学生的主体地位，让学生在参与中自我启发。由老师先"扔背包"自我表露，再调动学生进行分享。通过分享和讨论，引导学生在目标的基础上保持决心和专注，更坚定勇敢地迎难而上。

四、跑出隧道第三关卡：人际互助

1.情境提问："跑着跑着，你发现路上还有其他人。终点就在前方，你却发现一堵足足两人高的墙，所有人都被挡在了原地，这时你会怎么办？"学生讨论时提出几个人进行的方案，如叠罗汉等，教师由此引出人际协助的重要性。

2.通过展示名言，帮助学生了解人际支持的重要性：

"非常快乐的人"和"不快乐的人"唯一区别在于是否具有广泛而令人满意的人际关系。

——马丁·塞利格曼，积极心理学之父

你只需要去看看二战墓地的十字架，你就知道没有一个人的成就是靠自己一个人完成的。

——巴菲特

3."在你受挫时，谁曾帮助过你呢？"以"我想感谢……"为模板，让学生分享寻求帮助后的感恩。在感谢活动中，学生回顾支持的力量，并感知支持的必要性，同时也营造了更好的班级互助氛围，更能有效地培育支持与帮助的土壤。

4. 教师展示泰勒·沙哈尔（哈佛大学行为学博士）的"幸福闭环理论"，认知助人的重要性，即"帮助别人越多，自己越开心；自己越开心，就越容易去帮助别人"。鼓励学生受助与助人，形成良好人际关系。

5. 最后，让学生画出自己的"幸福董事会"（一共有 6 名董事，在你需要的时候，可以召集他们为你分忧），同时，真诚申请加入同学的"董事会"。绘画结束后，邀请学生分享自己的"董事会"名单。

6. 教师小结：在黑暗的隧道里奔跑，绝大部分时候我们都是依靠自己，要耐得住寂寞，坐得住板凳，但在必要时候，我们也可以借助支持的力量。其实帮助比我们想象中更美妙，不仅接受帮助使人快乐，助人也会增加幸福感，这是一种纯粹的快乐，也让幸福和互助成为了闭环。支持就在身边，幸福触手可及，只要你愿意，你永远是幸福的"董事长"。

设计意图 重视课堂内容的生成，引发学生的情感共鸣，激发学生的表达欲望，让他们持续沉浸在融洽的课堂氛围之中，进而产生深刻的情感体验。针对学生心理韧性水平中的人际协助得分最低的情况，引导学生明白人际支持的重要性，并且发现身边可以寻求帮助的"重要他人"，也让受助和助人形成闭环，在寻求解决路径和感恩活动中促进良好互助环境的生成。

五、跑出隧道，释放黑色生命力

1. 从"黑暗隧道"到"黑色生命力马拉松"：跑出黑暗隧道不仅仅是为了逃离黑暗，摆脱挫折，这段旅程的意义还在于它造就了"黑色生命力"。明尼苏达大学发展心理学家罗曼·加梅齐（Norman Garmezy）指出，黑色生命力（resilience）特指那些经受过巨大的压力、逆境和/或创伤，并渡过、幸存下来的人，最终展现出来的一种力量。

2. 回顾第二关卡情境中石门中学吴侃的例子，给学生看吴侃的完整事例。吴侃从高一平行班 700 多名到最终真的考取北大，展现"黑色生命力"在学习方面的重要性。同时，辅之以宾夕法尼亚大学五年的跨行业研究，显示"黑色生命力"的重要性。

3.屏幕显示美国传奇游泳运动员菲尔普斯的备赛视频，升华"黑色生命力马拉松"的重要意义（看得见的闪耀，是因为黑暗中的历练）。

设计意图 针对学生遇到挫折时的"恐惧、焦虑"情绪，引导学生转变对待挫折的看法：（1）挫折是可以战胜的；（2）挫折是锻就强大的机遇。同时通过转变思维，让学生了解自身的思维局限，敢于拥抱挑战，在苦难中牢记三关，锻就超常生命力。

教师总结：从坠入挫折的黑暗隧道，到一关关走过逆境，我们终于来到隧道的尽头，目睹唯有在黑暗中才会绽放的黑色生命力之光。过去，现在，未来，挫折都会出现，但是我们不怕，只要有积极认知、目标决心和人际协助，我们定能化危为机，走向光明！

【反思与总结】

1.本课围绕学生所需，基于学生所求，关注生成。学生通过一次次关卡的挑战，反思自己，挑战自己，在积极的互动和认真的思考中，理解挫折的意义，学习战胜挫折的方法，圆满实现本课目标。

2.班会课主题是挫折，有时候会掺杂难以言表的个人情绪，学生可能会羞于启齿，不愿意与同伴分享。教师在引导过程中可以多自我表露，让学生放下心理戒备，敢于互动。

3.课前问卷中涉及心理学调查，有关计算的公式要咨询心理学专业人士，力求得出准确数据。同时，对于问卷结果显示心理韧性弱的学生，班主任要做好记录，并在课后持续跟踪。

4.本课的开头引入和关卡设计比较灵活，学生在充分讨论后会有各种答案，教师要做好预设，以应对不同回答并作出正面引导。

广东省佛山市南海区石门中学　黄琳

28. 十八已至，责任以行

——学会承担责任

【班会背景】

十八岁成人礼是高三学生最期待的活动之一。据了解，班上大部分学生把成人礼当成一次体验大人服装的装扮活动，而没有真正意识到完成成人礼意味着自己要成为一个有责任、有担当的成年人了。成人礼班会首先要解决的问题就是唤醒学生的责任意识和成年身份，体验学习是很好的学习方式。

大卫·库伯的体验学习圈理论认为，体验学习是一个循环过程，包括具体体验——反思观察——抽象概括——行动应用四个环节[1]。体验学习是通过学生的亲身经历和反思内省，不断促进自我发展的学习过程，重点是在具体活动实践中，促成学生良好行为的知行合一。

此外，举办成人礼的时间一般是在高三下学期备考的黄金冲刺阶段。这个阶段学生容易出现精神疲惫、动力不足、目标模糊等现象，此时非常需要给学生"打鸡血"、输能量！心理学家班杜拉的社会学习理论十分注重榜样人物对学生行为的教育价值，认为学生主要是通过观察和模仿而获得社会行为，通过替代强化巩固行为[2]。榜样的力量是无穷的，弘扬榜样人物的优良品质，可以触动学生的心灵、引导学生的行为。

---

[1] 刘敏.基于体验学习理论的《道德与法治》教学设计研究——以统编版《我们在公共场所》单元为例[D].上海：上海师范大学，2020.

[2] 胡月.班杜拉的社会学习理论对当代德育的启示[J].科教文汇（下旬刊），2013：40.

【班会目标】

1.知识与认知目标：通过视频、文字信息，学生了解成人礼的传统仪式与意义，促进学生成人意识的觉醒。

2.方法与能力目标：通过视频和实际操练，指导学生掌握正确的冠礼、笄礼、敬茶礼、拜礼。通过拓展活动，锻炼学生为家庭、社会承担责任的实际能力。

3.情感与态度目标：通过互动活动、成人仪式等让学生丢去"小孩"身份，获得自我"重生"，帮助学生完成心理上的成年，增强学生的独立意识和责任意识，树立正确的人生观、价值观、世界观。

【课前准备】

1.为每位学生购买成人礼物，一束向日葵花（2朵）。

2.测试互动游戏的时长、可行性，准备游戏道具3个红包（金额分别是5元、6元、10元）和5本A4大小的书籍，提前布置教室，留出游戏通道。

3.准备10个不透明大纸盒，10种食品（5种学生喜爱的食物，例如薯片、蛋糕、棒棒糖、可乐等；5种学生难以接受的食物，例如苦瓜汁、酸柠檬汁、干辣椒、黑巧克力等）。

4.准备国歌音乐。

5.邀请科任老师为学生送上成人礼物。

【班会过程】

一、尝尽责之"甜"

（屏幕显示）视频：一分钟了解成人仪式。

师：成人礼起源于原始社会，由氏族长辈主持进行，就是通过一些仪式礼节象征童年进入成年。在世界上许多原始部落中，成年礼是一个人由个体走向社会的一道必不可少的程序，有的过程十分隆重而且带有考验的性质，比如部落首领的选举、家族继承人的选拔等。中国古代的成人礼称为：冠笄礼。男子为冠礼，女子为笄礼。

1.体验传统成人礼。

师：我们邀请2位同学来体验一下视频中男生的冠礼和女生的笄礼，所有同学一起学习给长辈行敬茶礼和拜礼，为下周全校的成人仪式做准备。

（体验环节，教师主要负责演示和指导）

师：人既成年，为什么要举行仪式呢？其实举行这一仪式，是要提示行冠笄礼者：从此将由家庭中毫无责任的"孺子"转变为正式跨入社会的成年人，成为各种合格的社会角色。

2.你的红包你决定。

师：现在我们来玩一个小游戏。老师手里有3个红包，1个5元，1个6元，1个10元。请2位同学来领红包，一位同学（A）扮演未成年人，一位同学（B）扮演成年人。（角色由学生自己选择）

师：请A同学直接从你的座位上上台领取你的5元红包。

（学生表示不可思议，这么容易就拿到红包了？）

师：请B同学从剩下的10元和6元红包中任选一个。

若B同学选择6元红包，则头顶1本A4大小的书本从教室最后方走到讲台拿红包；若选择10元红包，则头顶4本A4大小的书本从教室最后方走到讲台拿红包。

游戏结束，请A、B两位同学谈游戏感受。

生A：这个红包拿得好容易呀，我都没想到。

生B：虽然辛苦一点，但是能拿到10元红包很开心！

师：A同学是未成年人，所以受偏爱更多一些，很容易就可以得到想要的，但是没有选择的空间，只能接受5元红包这个既定安排。而B同学是成年人，有选择的权利，想要的少，困难就少一些，想要的更多，就要经历更多的磨难。其实这就是游戏想要告诉我们的：成人，意味着你拥有作出选择的权利，相应的后果和责任你也要承担。

师：我们总以为成人之后是这样的：可以光明正大地谈恋爱了！玩游戏再

也没有防沉迷系统了！可以尽情地穿喜欢的衣服、鞋子了！是的，你会拥有更多的自由，但自由的背后还有更多的责任——没有能力不要随意与他人牵手许诺未来；游戏不能当饭吃，但工作可以；你喜欢的东西，需要付出才能获得。

（学生开始小声讨论"我才不要这些呢"）

师：同学们，过了18岁，在法律上，你已经是个成年人了。这是我们必须要跨过的一道门，别退缩，阔步向前，迎接新挑战！

设计意图　品德形成一般遵循"道德认识的形成—道德情感的培养—道德意志的锻炼—道德行为的训练"的步骤，沿着知、情、意、行的内在发展顺序进行。首先通过视频让学生了解传统的成人仪式和成人礼存在的意义，再通过互动游戏让学生意识到成年不仅仅是年龄上的变化，更是身份的变化和责任意识的觉醒。

二、品逃责之"苦"

游戏：你来选，他来尝。

师：这里有10个神秘盒子，里面装着可食用的不知名食物，有可乐、薯片、苦瓜汁、黑巧克力等，请2位同学上台玩这个游戏。

游戏规则：2人轮流选择要不要盒子里的食物，1人先选择，要就答"yes"，该盒子里的食物则给另一人吃，不能拒绝，否则结束游戏；不要则答"no"，该食物由老师揭开后撤走。

在游戏过程中，老师需要控制食物的拿出顺序，观察两位学生的表情与言语变化进行调整。大致的顺序是：第一轮，A选了好吃的给B，B选了不好吃的给A；第二轮，与第一轮一样。第三轮：A选了不好吃的给B，B选了不好吃的给A。第四轮：A随机，B没选择不好吃的。第五轮：A选了好吃的给B，B选择了好吃的给C。

师：请问A同学在连吃了3次苦味后，你是什么感受？

生A：太苦了，我在想我怎么这么倒霉呢！B的手气也太差了吧！

师：在玩游戏时并未见你出声说B的不是呢，为什么不跟他说呢？

生A：我怕他有心理压力，想着事不过三嘛。如果我不玩了，那谁都吃不到好吃的了。

师：请问 B 同学，你在连续选择了 3 次苦味给 A 同学吃后，有什么感受呢？

生 B：A 吃的时候我恨不得我来替他吃，真对不起他！

师：这个苦瓜汁可特别苦，你愿意替 A 喝下吗？

生 B：愿意！自己选的跪着也要喝下去。

师：好，一人做事一人当！老师在看到你后来没有选择不好吃的食物时长吁了一口气，当时你是什么样的感受呢？

生 B：我很庆幸，终于不用祸害别人了！

师：同学们，在刚才这个游戏中，你愿意成为吃到了薯片、棒棒糖、饼干的 B 同学，还是吃到了苦瓜汁、酸柠檬汁、黑巧克力的 A 同学呢？请选择 B 同学的举手示意。

（较少人选择了 B）

师：请选择 A 同学的举手示意。

（大部分同学选择了 A）

师：看来大家都更愿意吃"苦"呢！在这个游戏中，我们看到了 A 同学的善良与宽容，也看到了 B 同学的责任与担当，宁愿吃苦瓜的苦，也不愿意吃不负责任的"苦"！通过这个游戏我们知道了逃避责任并没有我们想象中的那样快乐与庆幸，反而会让我们陷入内疚、自责的不良情绪中。

设计意图 体验学习是通过学生的亲身经历和反思内省，不断促进自我发展的学习过程，重点是在具体活动实践中，促成学生良好行为的知行合一。游戏法是体验学习的途径之一，游戏可以增强学习的趣味性，加强学生的体验，启发学生的情感。

三、强担责之心

（屏幕显示）

你为谁负责？（括号里的字不显示）

1.选科之后，你发现你并不喜欢历史，你会……（对自己负责任）

2. 上课铃响了，你的好朋友还在讲话聊天，你会……（对集体负责任）

3. 早读语文老师会抽背古诗词，你还没背完，但是早上是你卫生值日，你会……（优先承担集体责任，再个人责任）

4. 暑期，父母因工作需要出差一周，年幼的妹妹在家无人照顾，但是你期盼已久的暑期夏令营就在 2 天后，你会……（优先承担家庭责任，再个人责任）

学生讨论交流，表明立场，陈述原因。

师：通过以上情境，我们明白了我们不仅要为自己负责，也要为集体、为家庭负责。我们在不同的社会关系中，有不同的角色，承担着相应的责任。在个人责任与集体责任、家庭责任发生冲突时，应该以家庭责任、集体责任优先。我们不仅仅只是自己，也是集体的一员，家庭的一分子，我们有责任也有义务维护集体利益、保护家庭成员。

师：说到 18 岁，2022 年冬奥会上就有几位小名将也和大家一样 18 岁。

（屏幕显示）文字，18 岁的他"翊鸣"惊人；配图，苏翊鸣照片。

师：苏翊鸣在采访中说"有目标，就大胆去尝试，付出自己的一切，相信自己的努力永远不会欺骗自己"，他的努力为他带来了一份珍贵的成人礼物——冬奥会金牌。

虽然不可能人人都在 18 岁拿冠军，但人人都可以有自己最好的 18 岁，也有人和我们一样 18 岁步入大学的象牙塔。

（屏幕显示）文字，18 岁的他勤学苦练；配图，钱学森照片。

师：1929 年，也就是钱学森 18 岁时，他刻苦努力、潜心学习，以总分第三名的优异成绩如愿考入上海交通大学。他早已有了自己的人生规划，读中学时他就立志要用所学的科技知识报效国家。

师：有人 18 岁入学，也有人 18 岁入伍。

（屏幕显示）文字，18 岁的他们保家卫国；配图，解放军战士照片。

师：同样的 18 岁，他们扛起了保家卫国的重任。守卫在祖国的边疆，扎根在雪山峰顶，行走在沙漠戈壁。这些可爱的人，和大家一样青春正当时，在不同的领域绽放自己的光芒，在人生的舞台上熠熠生辉。每一代人有每一代人的使命，每一个人有每一个人的精彩。在自己的能力范围之内做到最好，乘风破浪，披荆斩棘，散发光芒！

设计意图 情境学习强调两点，一是在真实情境中把学与用结合起来，让学习者思考和实践，二是学习方式主要是社会性互动和协作，例如学生讨论、互动游戏等。利用贴近学生生活实际的两难情境，能充分调动学生思维积极性，触动学生的心灵。班杜拉的社会学习理论充分肯定了榜样的教育价值，在进行榜样选择时可以选择各行各业受人尊敬、做出突出成就的榜样。

四、行承责之礼

（屏幕显示）誓词。

师：宣誓完毕。接下来有请老师们为大家送上成人祝福。

师：这一束向日葵一共有两朵，一朵祝大家以后的人生，向阳而生；一朵祝大家6月的高考，一举夺"葵"！恭喜大家完成成人仪式！对于高三的我们来说，同样的十八岁，也可以创造不一样的精彩。几个月后我们将迎来人生中的第一个大挑战——高考，这是一个人生阶段的结束，也是另一个人生阶段的开始。我们要走好人生的每一个关键节点，脚踏实地，逐梦未来。

十八已至，高考临近，祝大家成年亦乘风！

设计意图 通过宣誓仪式，提高学生的公民责任意识，增强学生成人的使命感和神圣感。老师送祝福环节是整个班会最温馨的时刻，可以缓解高考冲刺阶段班级氛围沉闷、人际关系紧张的现象，营造良好的备考氛围。

【课后延伸与拓展】

活动1：以成年人的身份为父母做一件事。可参考以下事例：

（1）通过自己的劳动获得报酬，为父母买一件生活必需品或为家里添置一件实用的家居用品。

（2）照顾父母的起居生活一天，负责家里的全部家务。

（3）带父母外出游玩一天，提前做攻略，全程做导游。

活动2：与班主任互换角色一天，结束后上交一篇活动体验。

活动3：2人为一组，参加社区组织的无偿献血、助老爱老、美化社区等志愿服务活动，共同完成并上交一份社区服务活动记录表。

设计意图　同伴关系、师生关系、亲子关系是学生阶段最重要的三种社会关系，良好的社会关系对学生的心理发展有着至关重要的作用。通过活动的方式可以加强亲子、师生、同伴之间的沟通，提高学生的责任意识与负责任的能力，营造良好的人际关系，为学生提供积极的情绪感受。

【反思与总结】

1．第2个游戏环节，学生的回答具有随机性，为了增强学生的游戏体验，教师需要控制好吃的和不好吃的食物的呈现顺序，多准备几种食品以备不时之需。

2．榜样展示的环节可以播放抒情的音乐，让学生更容易产生共鸣。从心理学上来看，这是一种共情的表现，更有利于学生设身处地体验他人的处境，沉浸其中，并与自身生活经验相联系，引发学生思考。

3．宣誓环节对学生的姿势、声音都要提出明确且严格的要求，右拳紧握，面向国旗，声音洪亮，把学生的情绪引向高潮。

广东省佛山市南海区南海中学　刘迷

29. 画中藏深意，洞悉"新"飞跃

——四"新"学习法助力高考二轮复习

【班会背景】

高考二轮复习阶段是高考备考提质增效的关键阶段，但学生常常会遇到学习提升的瓶颈，学习上的投入与产出比越来越差，成绩停滞不前，甚至倒退，复习好像在做"无用功"，并进入一个恶性循环：不断学习，效果差，不甘心继续学习，效果还是差，甚至更差。同时还会出现身体变差、神经衰弱、信心严重不足、自卑心态重、生活节奏乱、睡不着觉、白天又无精打采等一系列"病症"。对此，不能"头痛治头，脚痛治脚"，要标本兼治。"病症"只是标，补身体，提信心，补睡眠……都只是暂时缓解症状，没有根本解决问题，症状还会反复出现，最终学生、家长和老师都疲惫不堪。

繁杂病症的根源在于：学生没有根据高考二轮复习的特点，转变学习方法，学习出现边际递减效应。二轮复习与一轮复习的特点不同，一轮复习阶段是一个从无到有、从少到多的过程，学生感觉学到新知识，进步感较强，二轮复习冲刺阶段则是一个从有到优的过程，是既有知识的提升整合过程，不是一轮复习的简单重复。

建构主义学习理论认为：学习是学生自己建构知识的过程。在学习过程中，学生不是简单被动地接受信息，而是主动地建构知识。学习是学习者根据自己的经验背景，对外部信息进行主动地选择、加工和处理，对所接受到的信息进行解释，生成自己的理解。个人头脑中已有的知识经验不同，调动的知识经验相异，对所接受到的信息的解释就不同。探究、支架、情境、合作学习是建构主义的主要学习模式。[1] 这是本班会课四"新"学习法的理论依据。

【班会目标】

1.知识与认知目标：帮助学生了解二轮复习冲刺阶段出现成绩上升滞缓的原因，认识二轮复习特点，明白创设"新情境"有助于快速提升旧知识的整合，生成新知识。

2.方法与能力目标：领悟二轮复习的学习方法——四"新"学习法，提升学习能力。

3.情感与态度目标：感受、体验改进学习的喜悦，增强学习的成功感，提升自尊和自信。

【课前准备】

准备相应主题不同层次的画作。

【班会过程】

一、角色定位导入：化身画家参加"殿试"

师：最近大火的古装剧《梦华录》看了没？那个负心汉欧阳旭中了探花。这个探花在古代是什么水平？

生：探花就是第三名，绝对的学霸。

师：古代"高考"分为三等：一二三甲。一甲只取三名。第一名称"状元"，第二名称"榜眼"，第三名称"探花"，称"三鼎甲"，都赐"进士及第"。古代的"高考"不仅仅有考八股文的"文化考试"科举，还有"艺术高考"。

---

[1] 高文，徐斌艳，吴刚.建构主义教育研究［M］.北京：教育科学出版社，2008.

师：宋朝有个因当皇帝而耽误的艺术家，同学们了解吗？

生：宋徽宗赵佶，"诸事皆能，独不能为君"，却当了皇帝。

师：女怕嫁错郎，男怕入错行。宋徽宗赵佶是入错行的经典案例。希望同学们高考填报志愿时，综合考虑自身特长和兴趣，选好专业，入对行。

同学们若有所思，频频点头。

师：宋徽宗赵佶书画造诣很深，是杰出的书画家，他创建画院，亲自授课，命题批卷，培养绘画人才。他出的考题难度很大，考倒了无数才子。下面我们一起来挑战一下，看能不能拿个一甲回来，怎么样？

生：我们不会绘画！

师：今天我们不需要高超的绘画技术，只需要构思高超就行。

设计意图 通过角色定位的导入，让学生化身画家参加宋代绘画的"殿试"，激发学生兴趣和积极性，活跃课堂气氛。

二、"野渡无人舟自横"——赏析"新"意境

宋徽宗赵佶"高考"命题一：以"野渡无人舟自横"为主题，要求画出诗句的意境，构思巧妙，不落俗套，做到笔意俱全。

师：这句诗出自韦应物的《滁州西涧》：

    独怜幽草涧边生，上有黄鹂深树鸣。

    春潮带雨晚来急，野渡无人舟自横。

假如大家是"高考阅卷老师"，请给以下三幅画评分，满分100分。

同学们进行评分，老师了解评分情况。

师：从大家的评分中可知，第一幅评分最低，第三幅评分最高，甚至有人给了满分，为什么？

生1：第一幅画了一只小舟横在渡口，白描主题，留白粗疏，只能算合格。

生2：第二幅画了一只小舟，一只水鸟站在小舟的一头，展现出"无人"的意境，这样的表达也还是过于直白。

生3：第三幅小舟横侧，船夫侧卧于船头，神色落寞，百无聊赖，独自瞌睡。野渡横舟，但无人"渡"，意境全出，让人拍案。

师：意境是作画的灵魂。绘画技术重要，但只是一种工具，更重要的是绘画的意境，意境层次高，再结合高超的绘画技术，才能成就顶尖的作品。

师：我们高考要拿高分何尝不是这样！高考一轮复习阶段是一个从无到有、从少到多的过程，而二轮复习冲刺阶段则是一个从有到优的过程，既是已有知识的提升过程，也是已有知识的梳理、整合和综合实践运用的过程，甚至是构建新系统知识的过程，而不是一轮复习的简单重复。希望同学们在二轮复习冲刺中能做到王国维先生提出的三层境界："昨夜西风凋碧树，独上高楼，望尽天涯路。""衣带渐宽终不悔，为伊消得人憔悴。""众里寻他千百度，蓦然回首，那人却在灯火阑珊处。"我们既要"独上高楼"，高瞻远瞩，坚定理想信念，也要为理想"消得人憔悴"，废寝忘食、踔厉奋发，最后"蓦然回首"，成功已"在灯火阑珊处"。

设计意图 通过对"野渡无人舟自横"主题画作的欣赏，让同学认识高考二轮复习的特点，感悟学习的阶段性、层次性，同时让同学明白学习也是有境界的，只有坚定理想信念，踔厉奋发，才能有成绩的飞跃。

三、"深山藏古寺"——构建"新"逻辑

宋徽宗赵佶"高考"命题二：以"深山藏古寺"为主题，要求画出诗句的意境，构思巧妙，不落俗套，做到笔意俱全。

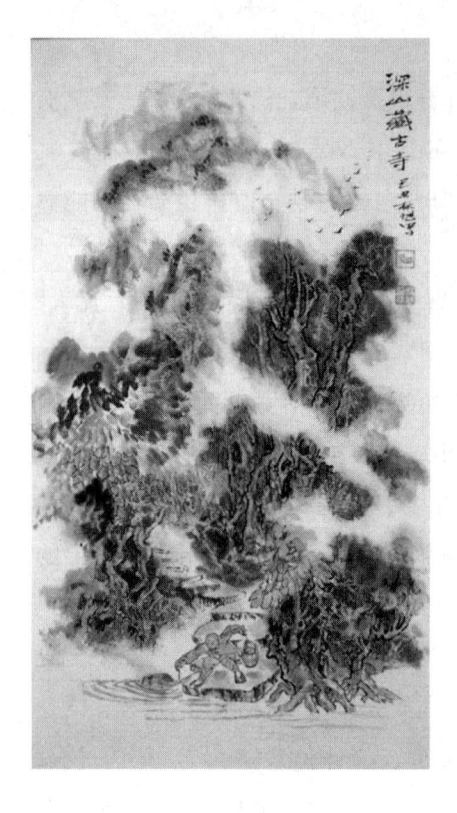

师：意境是作画的灵魂，是由多个元素构成的，那我们先来构思要画什么元素。

同学们思考作答，老师在黑板写答案：山水、寺庙、树木、花草、鸟兽、和尚……

师：同桌之间互相把自己的整体构思说出来，并说明是如何体现主题的。

学生讨论并分享。

生1：在山腰间画座古庙，再利用树木花草，让整座寺庙半遮半露，来表现"藏"字。

生2：把古庙画在丛林深处，不把古庙画完整，只露出庙的一角或残墙断壁。

生3：就画崇山峻岭中一个和尚在挑水，不用把庙画出来。因为和尚挑水，是用来洗衣做饭的，就可以让人联想到附近一定有寺庙。

师：妙！很好地突出了"藏"字，可以评90分以上了，但也只是"深山藏寺庙"，如何改进，体现"古"字？

生4：画个老态龙钟的和尚。

师：满分！当时宋徽宗赵佶就选了这样的一幅作品作为"魁选"之作：崇山峻岭中，清泉飞流直下，跳珠溅玉，小溪边有个老态龙钟的和尚正在打水。把"深山藏古寺"这个题意表现得淋漓尽致。和尚年纪大，还得自己来挑水，可以想象到寺庙香火不济，是座破败的古庙。一般而言，画作都是由多个元素构成的。选择哪些元素，元素之间的逻辑结构如何呈现画作的内涵和主题，这是绘画的意境。在高考备考中，如果知识点就是一个个元素，我们应该怎样对待这些知识点？

生：我们要逐一突破每个知识点，也要把握住知识点之间的关联，把它们串成一个网络，生成知识体系。

师：一轮复习我们强调逐一突破各个知识点，全面复习，二轮复习我们要综合复习，更加立体地掌握知识，深入挖掘知识间的逻辑关系，做到整体把握，才能综合运用。

设计意图 通过"深山藏古寺"主题的构思，让同学明白高考二轮复习应该更关注什么，更深刻地了解二轮复习要努力的方向。

四、"竹锁桥边卖酒家"——试解"新"情境

宋徽宗赵佶"高考"命题三：以"竹锁桥边卖酒家"为主题，要求画出诗句的意境，构思巧妙，不落俗套，做到笔意俱全。

师：虽然宋徽宗命题刁钻，不是"藏"古寺，就是竹"锁"卖酒家，但两个命题非常相似，只是情境不同，请同学们尝试分析两个命题的异同点，并据此构思古时"学霸"作画的意境。

生1：从两个情境的关键词来看，"藏"和"锁"相似，构思可以一样，"藏"古寺不画古寺画和尚，"锁"卖酒家也一样，不画卖酒家只画招牌。

师生们频频点头赞同。

生2：从两个情境的其他方面来看，也比较相似，"深山"变为"竹林"，"溪边"变为"桥边"。

师：看来大家不是一般学霸，而是状元！当时的状元李唐就是这样画的：小溪潺潺，小桥横卧，竹林郁郁葱葱，竹林中间挂着一条随风招展的酒帘。跟"深山藏古寺"一样，只见酒帘，不见酒家。如果这两个命题就是不同年份高考题，这给我们高考复

习什么启示?

生1:通过研究相似的题目,加深对同一领域知识和方法的理解与运用。

生2:针对高考的重点知识和主干知识,可以多做典型题目,以及其变式题目。

师:其实高考题并不是那么神秘,高不可攀的,大家对宋徽宗这么刁钻、难倒宋代大批才子的两个命题都懂得解,高考题简直就是小儿科的事情(学生笑)。我们一定要抓住复习规律。题目一定不能贪多,对于相似题目的不同的情境,熟练运用同一或相似知识和方法,做到举一反三,融会贯通。

设计意图 把"深山藏古寺"的情境变换成"竹锁桥边卖酒家"相似的新情境,让学生在新情境中用相同的方法构思"状元"的意境,既可以增强学生学习的信心,也让其顿悟该如何处理练习与总结提升的关系。

五、"踏花归来马蹄香"——自命"新"情境

师:现今的高考引导我们培养适应终身发展和社会发展需要的学科必备素质和关键能力,这就离不开在新情境中运用已学知识解决新问题的训练。所以,我们要懂得给自己创设更复杂的情境来训练自己。

假如你是宋徽宗赵佶,请拟一个比前面三个还难的主题,并构思作答。

同学们开始思考、讨论,老师了解学生情况,并做点评。

如果没有优秀的主题和构思,可以呈现以下主题和构思:

例一:"踏花归来马蹄香"主题,构思作答:一匹飞驰的骏马,在扬起的马蹄旁,有几只蝴蝶翻飞(蝴蝶追着马蹄,即使不见花,也能感受到香气萦绕)。

例二:"蝴蝶梦中家万里"主题,构思作答:画苏武牧羊,苏武在异国的冰天雪地中放着羊,但却坐着打瞌睡(睡梦中一定是千万里之外的家乡)。

例三:"蛙声十里出山泉"主题,构思作答:画两壁山涧,中间是湍急的河流,远方是几个山头,急流中有几个顺水而下的蝌蚪(贪玩的蝌蚪随急流而下,青蛙妈妈在山的那头叫喊着找蝌蚪,蛙声顺着山涧飘出了十里)。

师：依据建构主义学习理论，学习是与一定的"情境"相联系的，在实际的情境中进行学习，利用自己已有认知结构中的相关经验去同化和顺应所学的新知识，从而对新知识进行建构；如果已有的经验不能同化新知识，则需要发起顺应过程，也就是对已有的认知结构进行改造与重组。[①]

所以，我们解题时，不能局限于能解某一题，还应该根据该题尝试自己命变式题自己作答。通过不断地更改条件或者情境，理解、运用和研究知识，就会形成学科的必备素质和关键能力。新情境越复杂，牵涉的知识越多，学科的必备素质和关键能力就越能得到提升。

创设新情境既是继承过程，也是创新过程，是搭建在继承和创新之间的桥梁。不仅可以用于高考二轮复习，也可以用于以后的科学研究创新。学习和研究既要做到"无我"，站在巨人的肩膀上，真正理解和继承前人的规律总结，又要做到"有我"，尝试提出自己的新设想、新情境、新问题，形成自己的新研究新理论，才能成大器。

设计意图 通过自己命题自己作答的实践，让学生领悟自己命题创设新情境可以有效提升知识的理解、整合和运用，做到举一反三，融会贯通，培养自己的学科必备素质和关键能力。

【课后延伸与拓展】

班会课结束后，班主任引导学生根据各学科典型题目自主命题，创设新情境，自主答题。

【反思与总结】

1. 班会内容活动化。本节班会课以宋徽宗赵佶的绘画命题为载体而展开，在有趣的活动中引导学生深刻体会、领悟和习得高考二轮复习方法。

2. 根据学生认知规律由易到难层层推进。维果斯基的"最近发展区理论"告诉我们，要为学生不断搭建梯子，让学生顺着梯子超越其最近发展区

[①] 王金华.建构主义学习理论在思想政治教学中的实践[J].教育教学论坛，2015（6）:48-49.

而达到下一发展阶段的水平。本节班会课活动设计一环扣一环，环环有难度，逐渐递增。从导入开始提出挑战，让学生化身画家参加皇帝亲自命题的绘画"殿试"，激发学生的好奇心和积极性。然后让学生担当评委角色，给"殿试"的画作打分评价，学生兴趣盎然，为作好画打下基础。第三环节学生首次充当画家，在一步步引导下构思出与状元媲美的作画意境，激发了学生的积极性和自信心。第四环节学生再次充当画家，独自构思出意境高超的画，第五环节学生既做命题人又做画家，整个活动不仅充分调动了学生的积极性，使其发挥出潜能，而且增强了学生的自信心和成就感。

3.课后跟进学习方法的应用、熟练和掌握。掌握方法的关键是学以致用。由于班会课的时间有限，无法将学习方法应用到各学科中进行训练，这就需要教师课后的及时跟踪。

广东省云浮市邓发纪念中学　杜明坚

30. 在生活中练就一双"火眼金睛"

——识诈反诈，保护自我

【班会背景】

当今社会，诈骗犯罪愈发猖獗，手段也愈发"高明"，人们稍不留神就会掉入"陷阱"。高中生涉世未深，理性不足，经常成为"待宰的羔羊"，而诈骗类型集中在冒充好友、网络游戏、兼职刷单等，其中因购买游戏装备上当占被骗案件的三分之一以上。高中生的受骗金额，少的几百块，多的则达上万块，甚至几十万，给学生带来严重的身心伤害。高中生的生活经验基本来自家庭和学校，缺乏获得社会生活经验的机会，因此，学校的反诈知识普及和宣传工作就显得非常重要。

【班会目标】

1. 知识与认知目标：通过活动引导学生了解常见的诈骗手段和类型，了解行骗过程中涉及的心理学知识。

2. 方法与能力目标：引导学生学会识别和有效规避骗局，并且获得必要的反诈技能。

3. 情感与态度目标：引导学生坚决反对和抵制诈骗行为，反思日常生活中某些不合理的心理需求，树立遵纪守法的意识。

【课前准备】

1. 准备两个与诈骗有关的小故事。
2. 准备适合做宣传页的卡纸。

【班会过程】

一、活动导入——"真假故事会"

教师：今天老师准备了两个小故事，请大家来识别故事的真假。

故事一

情节1

高三开学已经3个多月了，小张感觉学习压力很大，看着身边的同学都比自己优秀，他心里很落寞，于是，便在网络上寻找"知心朋友"。很幸运，小张在QQ里结识了小黄，小黄自称也是高三学生，同样有对学习成绩的苦恼，因此两人便有了共同话题，更幸运的是他俩居然喜欢同一款游戏，很快他们成了无话不谈的好朋友，一到周末就立马上线联系。

师：认为以上情节真实的同学请举手并说明原因。（有34位同学举手）

生A：网络上本来就有很多高三学生，能找到一个跟自己一样学习压力大的朋友也不足为奇。男生本来就爱打游戏，两个人喜欢同一款热门游戏也很正常！

师：认为以上情节虚假的同学请举手并说明原因！（有18位同学举手）

生B：很快便找到"知心朋友"听起来有点不靠谱，好朋友哪那么容易找得到！得经过时间的验证才能下判断。

情节2

这天周末，他们又在QQ上聊了起来。

小张：唉，我这一关总是打不过，真气人！

小黄：你知道原因吗？我猜肯定是因为你的装备太落后了！

小张：真的吗？那我要考虑换装备了，但是一直在犹豫，因为对我来说太贵了。

小黄：你看我的装备，同样的价钱但是比你买到的要多很多，很划算啦！

小张：哦？真的吗？怎么买到的？

小黄：我托我表哥买的，他是××大学的学生，也是这款游戏的老玩家，有这个资格。

小张：哇！××大学！偶像啊！要是也能帮我买就好了。

小黄：可以呀，我跟他说说好话，肯定可以的。

小张：那可太好了！谢谢你！

小黄通知小张晚上8点与他的表哥视频连线，然后一起玩游戏。视频里的表哥坐在宿舍的电脑旁，旁边还有室友学习的背影，并且能很清楚地看到桌面上××大学的LOGO。小张羡慕不已，称××大学是自己梦寐以求的大学。表哥还鼓励他一定能考上。

师：认为以上情节真实的同学请举手并说明原因！（之前认为真实的同学里有12位举手）

生C：××大学的学生难道都不打游戏吗？我觉得很有可信度，我们不要总是想着别人要骗我们，用真诚的眼光看世界更美好！（全班哄堂大笑）

师：认为以上情节虚假的同学请举手并说明原因！（有40位同学举手）

生D：一切来得太巧合，总让人不放心。

情节3

一天以后。

小黄：我表哥说他给你发个链接，你自己点进去买就行了。

小张：好啊，我试试……试了几次都不行啊，说我没这个权限，怎么办？

小黄：如果你相信我的话就把钱转给我，我转给我表哥，让他帮你买。

小张：可是……我们还没见过面呢，更没见过你表哥，这可是我攒了很久的零花钱，心里有点害怕。

30. 在生活中练就一双"火眼金睛" · 235

小黄：我能理解你的考虑，刚好这两天有优惠活动，下周估计就结束了，要不你可以先少买点基础装备试试嘛，要买就尽快哦！

小张：那我先转你100块，帮我买最基础的那个皮肤，我看看能赠送多少。

转钱给小黄15分钟后，小张的账号果然多了价值200元的装备。

师：认为以上情节真实的同学请举手并说明原因！（刚才认为真实的同学里有6位举手）

生E：游戏公司确实经常推出优惠活动，我尝试过，而且是××大学的学生，素质一般都很高的，我愿意相信他。

情节4

小黄：你看，这个活动是真实的，我们认识这么久了你还不相信我。你转1300到我的支付宝上，15分钟以后你可以获得价值2200元的装备。

小张给小黄转了1300元，等待了一天还没有结果。

小张：新装备怎么还没到账？明天我就要去学校了。

小黄：我表哥说周末系统暂未开放，等周一就行了，反正你工作日也用不了。

小张觉得有道理，于是又等了一周。下一周的周末到了，小张迫不及待地奔回家去。

小张：小黄，装备为什么还没有到账？

小张傻眼了，他不知道自己做错了什么，"好朋友"就这样把自己拉黑了，关键是1300块的装备也成了泡影。

教室里一片唏嘘……

师：同学们，目前为止全班52个同学，只有6人上当。我们来分析一下这6位同学在这个故事中是如何步步被骗的。情节1中，其实涉及一个心理学效应，那就是"暴露缺点效应"。

所谓"暴露缺点效应"是指一个人适当地暴露自己一些小的缺点，让人觉得他是一个比较容易相处的普通人，是一个真诚的人，因为没有人愿意和"完美"的人相处，那样会压抑、恐慌和自卑。诈骗者相信，勇于将自己的缺点暴露出来，可能会使人失望，但经过这"阵痛"之后，人们就会遗忘他的缺点，反而更多地注意他的优点，感受他的魅力。

因此，小张同学看似找到了"志同道合"的朋友，其实是对方故意打造的吸引你的"人设"。

情节2中也涉及一个心理学效应，那就是"晕轮效应"。

晕轮，就是太阳和月亮周围的光晕，就是我们说的日晕、月晕。而晕轮效应，就是指人们在交往过程中，对方的某个特别突出的特点、品质会掩盖人们对他的其他品质和特点的准确了解，从而自己去脑补一个完美的形象，进而上当受骗。

生C：唉，我刚才就是认为××大学的学生都是高素质人才，怎么会轻易骗人呢？那么多证据都证明了他就是个优秀的大学生啊！真郁闷！

师：让同学C继续好好反思，下面我们来看情节3中的心理学知识。

鲁迅先生在1927年发表的《无声的中国》中写道："中国人的性情总是喜欢调和、折中的，譬如你说，这屋子太暗，说在这里开一个天窗，大家一定是不允许的。但如果你主张拆掉屋顶，他们就会来调和，愿意开天窗了。"先提出可能被拒绝的大要求，接着提出较小、较少的要求，以便更容易被接受，这在心理学上就被称为"拆屋效应"。

所以，小黄先让小张购买100得200的陷阱就是利用了"拆屋效应"，让小张先尝到甜头，然后再"放长线钓大鱼"。

生E：唉，现在想想那句话真对，"占小便宜吃大亏！"（全班又是哄堂大笑）

师：最后一个情节证明小张确实上当受骗了，但也说明我们班绝大多数同学还是很机智的，能够利用火眼金睛辨别出这是个骗局，从而保住了自己的利益。

故事2

情节1

这天，小婷同学在家里复习功课，接到一个陌生来电："您好，请问你是某某婷女士吗？我是广东省海关检察署的工作人员，您有一个来自海外的包裹因为不符合防疫要求现被扣留在海关，需要您验证信息配合我们，否则将会给国内疫情防控工作带来麻烦。快递公司名称是USP，您的身份证号是否是……您的家庭住址是否是……您的电话是否是……"

师：认为以上情节虚假的同学请举手并说明原因。（可能受上一个故事的影响，全班大多数同学都举起了手，没举手的同学表示还不确定）

生F：肯定是假的，现在骗子最喜欢冒充公检法，给人一种不可辩驳的感觉，现在我一遇到类似的电话直接挂断！（同学们都点头表示同意）

师：但为什么生活中还是有很多人在这样的情境里上当受骗呢？其实这里也有一个心理学知识，那就是"自证心理控制"。

骗子经常冒充公检法的工作人员进行诈骗。通常有四步：第一步，站上审判者的高点；第二步，强行给你贴一个你不能接受的标签；第三步，对你的反驳证据视而不见、予以否认或继续找茬，完全不管是否符合逻辑，直到激怒你、拖垮你；第四步，继续引诱你自证清白，这时你已经上钩了，对方已实现了对你的控制。

学生听了，直呼"不可思议"，原来那么多假冒公检法进行欺诈的几乎都是同版案例！

情节2

小婷接到电话以后，想了想，最近自己并没有买什么东西，况且还是从国外寄来的，更离谱。但是自己的私人信息对方却说得一字不差，这可怎么办？于是小婷立马登录国际快运USP公司的官网输入自己的身份证号码和电话号码，果然，显示有一个自己的包裹。官网总不会骗人吧，小婷想，会不会是不知名的亲戚朋友送的？她先在家庭群里问了一声。过了一会儿她收到了一条私信，原来是上个月小婷过生日，无意中跟爸爸说很想要一本英文版的《哈利·波特》全册，爸爸就托美国的朋友帮忙买了寄来当作迟到的惊喜，谁知这个朋友在寄书之后的下午被检测出核酸阳性，大数据就追踪到了小婷这里……闹了一个乌龙！小婷告诉爸爸，如果没有在官网查到自己的信息，很可能就会把这个电话号码上报反诈中心了，爸爸夸奖了小婷的机智。

同学们听了一片唏嘘，还有这么巧合的事，居然是真的！

师：同学们，所以我们不要对生活中的事妄下定论。我突然想到了上一个故事中学生C的名言："我们不要总是想着别人要骗我们，用真诚的眼光看世界更美好！"那么，是什么举动让她没有错过这个美好？

生：查证！

师：是的。这两个故事都给了我们一些生活的启示，并且也提醒我们，面对"天上掉馅饼"这种好事，一定要三思而后行。

设计意图 设计"真假故事会"的活动，调动了学生参与团体活动的积极性，营造了班级和谐的氛围。常言道，"当局者迷，旁观者清"，任何人身处当时情境中并非都能在第一时间识别是否是诈骗的陷阱，因此，教师带领学生逐步分析骗子设计的圈套，并以心理学知识辅助，让学生知其然并且知其所以然。高中生掌握这些心理学知识可以帮助他们在今后的生活中快速辨别骗局，维护个人利益。同时也让学生明白自己的心理缺点或弱点正是骗子行骗的利用点，如果自己头脑清醒，再高明的骗子也逃不出我们的"火眼金睛"。

二、互动分享——诈骗无处不在

师：同学们，除了高中生容易上当受骗，大学里也处处是"坑"，不久之后大家就要进入大学了，我们来提前看看大学你还要避开哪些"坑"。

（1）通过网恋骗财骗色（这种案件常让被骗人人财两空，因为你永远不知道网络的另一端到底是个什么人）。

（2）利用人的同情心进行诈骗（这种诈骗后果往往很严重，女生尤其要注意）。

（3）大学生兼职刷单被骗钱财（经常利用拆屋效应让被骗人越陷越深）。

（4）各种电信诈骗（对于陌生电话一定要留个心眼，对于所有关于"钱"的电话都要仔细查证）。

（5）新型精神骗局：PUA！（大学生很容易被PUA，不仅要及时止损，更要勇敢自信）。

（6）传销诈骗（这种骗局很常见，一旦被洗脑很难解脱，往往深陷其中却不自知）。

（7）国际间谍诱导性诈骗（往往利用"登门槛效应"，用"钱"或者"色"，让被骗人为了一己私欲而置国家的安全于不顾，多所高校已经出现类似案件）。

（8）人贩子拐卖诈骗（每年都会有妇女儿童被诈骗而后被拐卖的案件，给无数家庭造成了不可弥补的伤害）。

同学们，我们反思总结一下骗子最喜欢诈骗哪类人群？

生齐喊：爱占小便宜的人！

师：没错，贪婪是人的本性，而骗子往往利用的就是人性的弱点。当然，除了这一点，骗子还喜欢利用我们的同情心，头脑简单容易轻信他人，执迷不悟不听他人劝告，不合理的金钱观，等等。

师：骗子这么猖狂，他们的下场会如何呢？

《中华人民共和国刑法》第二百六十六条规定：

【诈骗罪】

诈骗公私财物，数额较大的，处三年以下有期徒刑、拘役或者管制，并处或者单处罚金；数额巨大或者有其他严重情节的，处三年以上十年以下有期徒刑，并处罚金；数额特别巨大或者有其他特别严重情节的，处十年以上有期徒刑或者无期徒刑，并处罚金或者没收财产。

教师：同学们，人生没有重来，一定要提高警惕，保护好自己，同时也提醒家人朋友，让骗子无处可骗。另外，我们也要遵纪守法，坚决反对诈骗行为。

设计意图 高中生涉世未深，生活阅历少，他们需要这些与诈骗有关的常识来为今后的生活提前做好准备，通过此活动还能让学生树立遵纪守法的意识。

三、活动体验——自制《反诈宣传小手册》

师：同学们，今天成功被"骗"的同学要受到一定的惩罚，作为你上当受骗的"代价"，那就是为家人制作反诈宣传小手册。当然也欢迎其他同学加入，尤其是家里有老人和孩子的，我们都要练就一双"火眼金睛"，识别诈骗陷阱，让骗子无处可骗。

设计意图 在学校里，被骗的"代价"可能不会造成什么伤害，但在社会中，一旦被骗，后果往往让人后悔莫及。制作反诈宣传册，学生在合作的过程中不仅可以增强沟通合作能力，更能在商讨的过程中内化反诈骗相关知识，提高个人反诈能力。

【反思与总结】

本节课以普及和宣传反诈常识为主要目的，优点是按照设计完成了这一目标。虽然这节课给了学生一些识诈常识和反诈技能，但是骗子的花招层出不穷，未来学生进入大学，走向社会，可能会遇到更多的诈骗陷阱，由于时间有限，这节课不能一一呈现。本课缺点也很明显，网络上有很多高质量的视频资源，这节课却没有加以利用，给学生创造感官刺激，从而加深印象，这一点颇为遗憾。因此，教师还可以给学生准备例如《焦点访谈》《今日说法》《法律大讲堂》等节目中相关的内容，对学生的帮助会更大。

广东省佛山市南海区石门中学　潘丹丹

后 记

我一直执拗地认为，人世间再也没有这样一份职业，可以完成灵魂和灵魂的沟通，可以剥离外在的一切纷繁复杂，直面一颗颗诚挚的内心。做班主任就是这么神奇的职业！而班会课是启迪学生心灵、引领学生成长的重要途径。

一群人苦心孤诣，埋首于教育学、心理学的书海中，尝试用有趣的活动把那些理论化成一节节趣味横生又有教益的课堂，经过多次实践验证后，终成此书。

特别感谢副主编丁黎敏、孙钦强、肖翔老师。丁黎敏老师对接诸多编委，组织开展理论学习、选题研讨、课例打磨等活动；孙钦强老师多年坚持定期更新公众号，笔耕不辍，积累了大量的班会课资料，为此书出版付出了很多；肖翔老师作为一名心理学老师，从更加专业的角度去考察每节班会课所蕴含的教育学、心理学原理，是本书重要的"护航者"。

一篇篇优秀的课例背后是一位位扎根一线的优秀班主任们，在这段时光里，我们共同学习了"心法式"班会课的相关理论，集体研讨了课程体系构建；共同打磨课件，贡献智慧；共同一一实践，提出改进意见。我所说的我们，是以下编委及参与编辑的各位老师：邓小满、梁翠竹、马文丽、胡逸涵、易宜红、黄琳、孙钦强、屈迪扬、向阳、何少娜、周健、蔡光辉、黄国琼、张玛梁、郑丽冰、刘清清、张肖玲、潘丽芬、钟明明、刘迷、杜明坚、王慧岚、丁黎敏、黄紫莹、龙凤明、潘丹丹。尤其感谢黄国琼、屈迪扬、丁黎敏、胡逸涵等提交多篇课例的老师。

如今，我们诚挚地献上这本小书，希望它能带给班主任一点智慧的微芒，照亮学生的内心，让他看清来路和归途；用一点探索的汗水呼唤班主任的关注，让他感受到科学带班的魅力。路漫漫其修远兮，吾辈愿以萤火之力上下求索为师之道，期待在苍山深远处再次与同路人相遇。